API
Application Programming Interface
エコノミー

「勝ち組企業が取り組むAPIファースト」

佐々木 隆仁 著
編集協力 志田 大輔、丸山 耕二、鳴海 拓也、森野 誠之

日経BP社

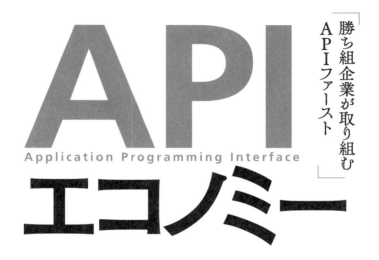

はじめに

通信環境が飛躍的に進化し、オンラインサービスやＷｅｂアプリケーションが当たり前になった今、ソフトウエア業界のみならず、さまざまな分野で「ＡＰＩ」への注目が高まっている。ＡＰＩは「Ａｐｐｌｉｃａｔｉｏｎ Ｐｒｏｇｒａｍｍｉｎｇ Ｉｎｔｅｒｆａｃｅ」の略で、簡単に言うと「ソフトウエアの機能を別のソフトウエアやサービスなどと共有する仕組み」のこと。ＡＰＩについてまったく知らない人でも、ＡＰＩを使ったソフトウエアやサービスには触れているはずだ。

例えば、旅行に行こうとホテルやお店を検索したときに、ホームページの一部に表示された「Ｇｏｏｇｌｅマップ」で、そのホテルやお店の詳細な場所を示しているケースを最近よく見かける。このようなやり方は、ＡＰＩがあるからこそ実現できる手法のひとつだ。ＧｏｏｇｌｅマップのＡＰＩが公開されており、そのＡＰＩを利用して各ホームページにＧｏｏｇｌｅマップを表示している。このように、プログラマーでなくても、APIにはさまざまな場面で知らず知らずのうちに触れている。APIが実は「身近な存在だ」ということがお分かりいただけるだろう。

日本のビジネスソフトを世界的にヒットさせるためには？

振り返れば、私は学生時代からコンピューターのプログラムを趣味としており、プログラマーとして大手コンピューターメーカーに入社。OSの開発に従事しつつ1995年に社内ベンチャーを立ち上げ、現在に至っている。若い時から何らかの形でずっとプログラムにかかわる仕事をしてきたわけだが、常々感じてきたのは「日本のビジネスソフトがなぜ世界に広がっていかないのか」という疑問だ。

これは日本人のプログラマーが「優秀ではないのか？」という話をしているのではない。その点に関していえば、むしろ「かなり優秀だ」といって間違いない。プログラムの世界コンテストなどでは多くの日本人が上位に入っているし、プログラマーとしての実力も世界的に高く評価されていることを見れば明らかだ。ところが、この背景を踏まえたうえで「日本人の作ったビジネスアプリケーションなどで、世界中の人々が利用しているものはあるだろうか」と考えると、パッと思い付くものがない。これは何とも寂しい状況だ。

ソフトウエア会社を経営していくなかで、自社の事業としてヒット商品を生み出すことはもちろん重要なことだ。しかし、生み出したソフトウエアを「世界に広げていく」という視点で見た場合、１社だけでビジネスを考えるのではなく、「ソフトウエアサービスの市場自体を広げるにはどうすればよいか」というレベルの、もう少し大きなスケール感で物事を考える必要がある。例えば、私は最近「プログラマーの生産性を高めるための、今までにない新しいプラットフォームが必要ではないか」と感じている。そのひとつとして考えているのが、より多くの人が手軽に幅広く利用できるＡＰＩのためのプラットフォームだ。

すでに多くのソフトウエア会社がさまざまなＡＰＩを提供している。そして、

「それらのＡＰＩを使いたい」と考えている多くの企業やプログラマーも存在している。しかし、「思ったほどには、ＡＰＩがユーザーに広がっていない」という課題がある。それは、特定のソフトウエアの機能に特化したＡＰＩでは、ユーザーにとって必ずしも利便性が高いとはいえないからだ。そのため、供給側が「ＡＰＩを使ったらいろいろなプログラムが呼び出せる」と利便性をうたっても、結果として多くの人には広がっていかない。

では、この課題をどうやって解決すればいいのか。ひとつの案として、以前から私は「ＡＰＩの利便性を高めるような環境を整備していく必要があるのではないか」という思いを抱いていた。すなわち、ＡＰＩをまとめて管理して多くの人々と共有する「ＡＰＩ取引所」のようなプラットフォームである。公開されている世界中のＡＰＩを検索して利用したり、自社のＡＰＩを配信したりできる世界最大規模のマーケットプレイスを展開する「ＲａｐｉｄＡＰＩ」はその代表格だ。ただし、ＲａｐｉｄＡＰＩをはじめとする海外のＡＰＩ取引所は、日本人にとって使いやすいものではない。

そこで、日本の優秀なプログラマーが世界で活躍できるような場として、日本人向けのAPI取引所を作っていきたいと考えている。このような考えに至った背景には、日本が「世界的な時代の流れに取り残されるのではないか」という危機感もある。インターネットやITを活用したソフトウエア、サービスが急速に世界で発展したときと同様に、海外では積極的にAPIを活用することで、グローバルな経済圏が広がっている。いわゆる「APIエコノミー」と呼ばれるものだ。このAPI取引所が、日本のAPIエコノミーの発展に貢献できれば幸いだ。さらに、これによって世界で通用するようなソフトウエアやサービスが日本から誕生することを願いたい。

APIについて知らなければ企業は今後生き残れない

そしてもうひとつ、日本のAPI発展に必要だと考えているのは、「APIのことをもっと多くの人に知ってもらう」ということだ。例えば、APIエコノミーはどれだけの経済効果があるかをご存じだろうか。米ＩＢＭ社の試算によれば、その規模は２０１８年で2兆２０００億ドル（約２５０兆円）にものぼるという。グローバルの数字ながら、これだけの巨大な経済圏がＡＰＩによって生まれるわけだが、このインパクトがどれだけ日本人に伝わっているのか。たぶん、ほとんど伝わっていないのではないかと感じている。

しかし、冒頭でも紹介したように、ＡＰＩは多くの人にとってすでに身近な存在となった。加えて２５０兆円という経済圏が生まれつつあるのであれば、ごく普通のビジネスパーソンであってもＡＰＩやＡＰＩエコノミーに関心を持つべきだろう。それどころか、ＡＰＩについて知らなければ、今後はビジネスに支障をきたす可能性もある。

イメージとしては、ＡＰＩは各企業にある情報システムに匹敵する存在になると考えてほしい。大企業はもちろん、中小企業でも何らかの情報システムを利用しているケースは多いはずだ。さらに言えば、この情報システムは企業の生命線を握っているケースが非常に多い。しかし、その情報システムの詳細や現状を詳しく知っているのは、得てして専門の担当者だけになりがちだ。とりわけ経営層の人々は「自分は文系だからちょっとよく分からない」や「それは担当者が知っている」といったことを言う人が少なくない。

近年の日本企業の生産性の低さは、こういった部分に起因するのではないか。俗にいう「経営者のＩＴリテラシー」というものだ。現状では自社ビジネスの効率化をＩＴで追求しないと、その企業はほぼ間違いなく生き残ってはいけない。この点について異論はないと思うが、それが分かっていながら「ＩＴとか言われてもよく分からない」という経営層が少なくない。そんな状況では当然、経営戦略の中にＩＴ戦略を組み込んでいくことは難しいだろう。

「ＩＴに続いて今度はＡＰＩか」と辟易する人がいるかもしれない。しかし、それほど難しく考える必要はない。ＩＴであろうとＡＰＩであろうと、本質はあくまで「経営効率を上げるための手段」である。どうやって「生産性を高めていく

APIは、自他の利活用を促進してるということ？

か」あるいは「無駄を省いていくか」という点に注目していけばよい。これまではそこに情報システムがかかわってきたわけだが、現在はその範囲が少し広がっただけのこと。生産性の向上や無駄の削減の一環として、ＡＰＩを活用することで自社のビジネスを外部へ切り出したり、他社とコラボレーションしたりすることが可能になったわけだ。ここは重要なポイントなので覚えておいてほしい。そもそも、企業は１社単独で存在しているわけではなく、必ず別の企業と何かしらの形で関係を築きながらビジネスを広げていく。そういった「他社との関係性」が、実はＡＰＩでも共通していることに、まずは気付いていてもらいたい。

ＡＰＩの活用は、既存の自社サービスをＡＰＩで他社に提供してもいいし、他社のＡＰＩを自社のサービスで活用しても構わない。冒頭で紹介したＧｏｏｇｌｅマップなどは、サービス自体が非常に優れているし完成度も高いため、同じようなものを使いたいのであれば、自社で一から作るよりもＡＰＩでうまく活用した方が圧倒的に効率的だ。今、勝ち組企業となるには、ＡＰＩへの取り組みをまず考える〝ＡＰＩファースト〟を心掛けるべきだろう。

しかし、そういったやり方を思い付くには、やはり多くの人がＡＰＩについてもっと知る必要がある。もちろんこれはプログラマーが必要とする専門的な知識ではなく、もっと本質的かつ大局的な部分であることは言うまでもない。本書では、ＡＰＩやＡＰＩエコノミーの基本を踏まえつつ、すでにＡＰＩを活用している企業の現状ややり方、さらにはＡＰＩ取引所の詳細を紹介していく。ＡＰＩを正しく理解し、効率的にＡＰＩの活用を実践するための入門書となれば幸いだ。

佐々木 隆仁

目次

第1章

APIの必要性を知る

APIのことを知る最初のステップとして「APIとは何か」から見ていこう。誰にとって役立つものか、自分たちのビジネスにどんな影響があるのか、どういう考え方で取り組めばよいのかなどを通じ、その必要性を理解する。

1-1

APIって何？

みなさんは、APIについてどこまでご存じだろうか。単語自体は古くからあるもので、プログラマーであれば知らない人はまずいないだろう。また、IT関連の企業やWebコンテンツにかかわっている人であれば、詳細は知らないとしても名前ぐらいは聞いたことがあるだろうし、多少はイメージも湧くはずだ。

逆に、それ以外だと「まったく知らない」という人は意外に多いのかもしれない。ソフトウエアのプログラムにかかわるものなので、業種によっては知らなくて当然の場合もあるだろうし、現時点であればそれでも大きな問題はない。しかし、今後はどのような業種の人であっても、少なからず理解しておいた方がよい。なぜなら、APIは今後、自社のビジネスに大きな影響をもたらす存在になる可能性が極めて高いからだ。

　やや専門的な視点で解説をすると、ＡＰＩとは「Ａｐｐｌｉｃａｔｉｏｎ Ｐｒｏｇｒａｍｍｉｎｇ Ｉｎｔｅｒｆａｃｅ」の略で、直訳に近い感じでは「ソフトウエアとプログラムをつなぐためのインターフェイス」となる。もう少しかみ砕いて説明すれば、「あるソフトウエアやサービスが持つ機能の一部を別のプラットフォームで利用してもらうために、ソフトウエアやサービスを開発した企業が利用する企業向けに提供する仕組み」といった感じだろう。

　そして、ＡＰＩには利用時の手続きや使い方、ルールなどがまとめられており、そのＡＰＩを利用することで、その機能を簡単にＷｅｂやアプリなどへ組み込めるのが大きなメリットとなる。ＡＰＩを提供する側にとっては、ＡＰＩを公開することで、より多くの企業や個人に自社のサービスや機能の一部を利用してもらうことが可能になるわけだ。

　ＡＰＩに注目が集まり始めたのは、「Ｗｅｂ ＡＰＩ」が登場した２０００年代の中頃からだ。Ｗｅｂ ＡＰＩは、その名の通り「Ｗｅｂで提供されているサービスのＡＰＩ」で、インターネットの普及にともなって飛躍的に増加し、その数は今なお増え続けている。例えば、気になるお店のＷｅｂページを見ていると、お店の所在地を自作の地図ではなく、Ｇｏｏｇｌｅマップで表示しているのを最近よく見かける。これはまさにＷｅｂ ＡＰＩを活用したもので、ＧｏｏｇｌｅマップのＷｅｂ ＡＰＩをＷｅｂページのデザインに組み込むことで実装したものだ。

Ｇｏｏｇｌｅ以外にもＡｍａｚｏｎやＴｗｉｔｔｅｒをはじめとした多くのＷｅｂサービスがＷｅｂ ＡＰＩを公開しており、さまざまな場面で利用されている。近年では、Ｗｅｂだけでなくスマートフォンのアプリでも Ｗｅｂ ＡＰＩが活用されており、新しいアプリの開発においてはＷｅｂ ＡＰＩが重要な要素のひとつとなっているのが現状だ。

このように、ＡＰＩは自社のビジネスを拡大したり利便性を高めたりするために広く活用されており、利用する側はもちろん、ＡＰＩを公開する企業や団体も世界的に増えている。ＡＰＩによってグローバルに企業が結び付き、そこから新しいビジネスやサービスが生まれているわけだが、このAPIによって広がっていく経済圏のことを「APIエコノミー」と呼ぶ。

APIで広がる新しい経済圏 その規模はなんと約250兆円！

ここまでに述べたAPIの解説は少し専門性の強い狭義の世界での話といえるので、APIのことを何も知らない人にはあまりピンとこなかったかもしれない。しかし、APIエコノミーはビジネス的な側面が強いマクロな視点の話となるため、単なるAPIの話よりはもう少し興味が湧くことだろう。さらに言えば、企業経営に携わっているようなビジネスパーソンにおいては、ことさら関心を持つべき内容といえる。

例えば、電車の乗り換えや運賃の詳細、宿泊先の予約などを手軽にチェックできるアプリやサービスは、個人だけでなく企業でも何かと活用したいツールのひとつだ。これらのＡＰＩはすでにいくつか公開されており、これを利用することで業務を効率化できる。加えて、利用する企業の業種によっては、それらのＡＰＩを使って新しいサービスを生み出すことも可能だろう。そういった意味では、ＡＰＩがその企業の価値を向上させるキーポイントとなるわけだ。これこそ、ＡＰＩエコノミーがもたらす変化のひとつと言ってよい。

この変化の影響は、ＡＰＩを公開する側にも当然出てくる。自社のサービスや機能の一部をＡＰＩによって切り出すことで多くの企業がＡＰＩを利用してくれれば、それだけで自社やサービスの知名度が上がる。ＡＰＩの使用料といった形で新たな利益を生み出すこともできる。もちろん、新規企業とのつながりが、新しいビジネスチャンスにつながることは言うまでもない。そういったメリットがあるからこそ、ＡＰＩの公開が増加傾向にあるし、そういった時代が今まさに到来しつつある。

このような変化によって生じるＡＰＩエコノミーの経済効果は、かなり大きな規模になることが予想される。ＩＢＭ社の試算によれば、ＡＰＩに関連する市場の規模は２０１８年で２兆２０００億ドル（約２５０兆円）になる見込みだ。グローバルの数字ではあるものの、これだけ大規模の経済圏が形成されつつあるとなれば、企業経営に携わっているような人は特に見逃すべきではないだろう。

ＩＴには縁遠い業種でもＡＰＩの影響は無視できない

なお、このようなＡＰＩエコノミーによる経済効果の恩恵は、何もインターネットに関連したＩＴ企業だけに限ったものではない。従来のアナログ的な企業にも十分関係してくる話なので、しっかり注目してほしい。自社のビジネス形態が製造・販売業であっても、他社のＡＰＩを活用したり、あるいは自社のＡＰＩを公開したりするチャンスはある。

例えば、近年は店舗販売だけでなくオンラインでの販売も視野に入れないと、ビジネスはなかなか難しい状況にある。とはいうものの、古くから続く老舗店などでは「オンライン販売はあんまり得意じゃない」と話す経営者は少なくないし、実際にオンライン販売を始めるとなると、いろいろ準備しなければならないことが多いのも事実だ。そんなとき、ＡＰＩを利用すれば効率よくオンライン販売をスタートできるし、場合によっては自社の販売の仕組みをＡＰＩで切り出していくことで、今まで接点のなかった企業にも活用してもらえるようなケースも皆無ではない。こういった可能性を秘めているのがＡＰＩエコノミーの真髄であり、自社を発展させていくうえで目指してほしい方向性といえる。

ただし、このような方向へとビジネスの舵を切るには、経営者層の意識や発想の転換が必要となる。現実問題として、小売販売業はオンライン販売から大きな影響を受けており、米国では大手チェーン店でも破たんするような時代になった。そういった状況を踏まえれば、ビジネスではオンラインを無視できない状況にあるのは明らかだ。

しかし、自社が生き残っていくためにリアルとオンラインで共存していこうとしても、それぞれの企業が個別に対応するにはやはり手間と時間がかかる。だからこそ、意識や発想を変えてＡＰＩの重要性をしっかりと認識し、企業同士が力を合わせていける経済圏（＝ＡＰＩエコノミー）を構築していく必要があるのだ。

1-2 ビジネスパーソンにとってのＡＰＩ

自社の事業を成長させていくうえで、ＡＰＩをどのように活用すればいいのか。ここで初めて「ＡＰＩ」という言葉を知った人には、急にそんなことを言われてもなかなかイメージが湧かないだろう。しかし、難しく考える必要はない。既存のビジネスに則った視点で、ＡＰＩやＡＰＩエコノミーを見ていくことは可能だ。

仮に「事業を拡大させたい」と考えた場合、従来であれば「優れたパートナー企業と提携して新しいサービスや商品を生み出し、今までにない価値をユーザーに提供する」といった案が、一例として挙げられる。これは、企業経営における基本的なやり方のひとつといえる。これと同じ方向性で、他社とつながるためのファンクションとして自社の機能やサービスをＡＰＩという形で切り出せば、今まで以上に効率的に多彩な企業とのコラボレーションが可能になる。

ＡＰＩエコノミーの本質的な魅力は、そういった企業同士のつながりを効率的に作り出せる点にあるのだが、この魅力に気が付いている経営者がはたしてどれだけいるのか。現時点では、そう多くはないだろう。しかし、ＡＰＩエコノミーがどんどん拡大していけば、その動きに対応できない企業は生き残っていけない可能性が高い。それぐらいシビアな問題であり、ＡＰＩによって生まれる経済圏は非常に大きなものに成長すると予想される。

ビジネスのコミュニケーションは近い将来チャットに移り変わる

では、今やっている事業をどうやってＡＰＩで切り出していけばいいのか。最終的にはプログラムで「できるか、できないか」というミクロな世界になるわけだが、その前段階としてもっとマクロな視点で議論していく必要があるのは言うまでもない。現在は多種多彩なやり取りがインターネット上で行われていることを踏まえると、それを前提として「ＡＰＩで事業をどう切り出し、どう利用してもらうか」が、他社とうまくつながるための大きなカギとなる。

例えば、米Ｓｌａｃｋ社が提供するチャットツールの「Ｓｌａｃｋ（スラック）」は、最近かなり注目を集めているサービスのひとつで、２０１７年９月にはソフトバンクグループが約２億５０００万ドル（約２８０億円）を出資したことで話題になった。さらに、これらの出資によって、その企業評価額は未上場企業ながら約５０００億円を超えるといわれている。「チャットだけを提供する未上場企業に、なぜそこまで高額な評価がつくのか？」。そう不思議に感じる人もいるだろう。しかし、数年先を見据えている人たちは、Ｓｌａｃｋにそれだけの価値や意味を見出しているということである。これらの人たちは「すべてのビジネスが、近い将来チャットによってつながる」と予測しているからこそ、そういった評価につながっているわけだ。

とはいえ、もしＳｌａｃｋがどこにでもあるような普通のチャットサービスを提供しているだけの企業であれば、ここまでの評価は得られない。Ｓｌａｃｋがここまで評価されている最大の理由は、チャット機能をAPIで提供している点にある。Slackのチャットが APIによって広く利用されるようになり、そこに大きな経済圏が生まれているからこそ、5000億円という高評価につながっているのだ。このような動きをしっかり把握し、例えば「ビジネス向けのチャットを使って、自社の機能やサービスをどう連携させていくべきか」という視点を持つことが、今後は非常に重要となってくる。

こうした先進的な世界の流れを語っても、「ビジネスにチャット？　本当にそうなるの？」と思う人はいるかもしれない。しかし、現在までのコミュニケーション手段の変遷を見てみれば、昔はアナログ的に対面で会ったり電話で話したりしていた人も、かなり前から仕事でもメールは普通に利用しているはずだ。さらに言えば、企業によっては社員同士のやり取りにコミュニケーションアプリ「LINE」を導入しているケースもある。少なくとも、個人のコミュニケーションについて言えば、LINEに代表されるチャットでのやり取りへと完全に移っている。ビジネスにおいても、こういった流れは無視できないだろう。

APIを組み合わせることでさまざまな業務を効率化できる

このようにビジネスのコミュニケーション手段がチャットに変わっていくと、次に人はチャットでつながるだけでは物足りなくなり、そこにビジネスの効率を上げるようなプラスアルファの機能を求めるようになってくる。こういったニーズこそが、新しい経済圏を生む大きな変化のひとつといえる。この変化をどう捉え、そしてどう取り組んでいけばいいのか。ビジネスパーソンには、そういった視点や考えが求められることになる。

例えば、コンピューターがチャットで自動的に人間とやり取りをする「チャットボット」のなかには、最近ブームの「人工知能（ＡＩ）」を組み合わせたものも登場している。人工知能に対応したチャットボットは、さまざまなやり取りを学習することで自身の機能を成長させられるのが最大の特徴だ。やり取りをパターン化できるため、日進月歩で効率化を図って恒常的に進化することで、より的確な受け答えができるようになる。同様のサービスをやろうと考えたとき、チャットボットを自社で用意するのはそれほど難しくないとしても、ＡＩを用意するのは簡単なことではないし、そのＡＩを学習させるためには膨大な時間やデータが必要だ。そのため、ＡＩ機能を手軽に用意したいのであれば、「他社の優れたＡＩサービスを活用した方が圧倒的に効率的だ」と判断するのは、ある意味当然といえる。

ＡＩの活用はやや特殊なケースかもしれないが、経費の精算などであれば、より身近なニーズとして捉えられる。例えば、交通費や出張などの経費精算は、企業であれば必ず発生する業務のひとつだ。もし、チャットに出張の行き先などを入力するだけでチケットの予約や交通費の精算などが済んでいたら、担当者の仕事はどこまで効率化できるだろうか。かなり改善されることは想像に難くない。このようなケースであれば、例えばジョルダン株式会社の路線検索アプリ「乗換案内」などはすでにＡＰＩが提供されている。そのため、自分たちで路線検索や料金検索機能を作らなくても、こういったＡＰＩを組み合わせることで、簡単に経費精算を効率化させる仕組みを構築することは可能なわけだ。

この経費精算の例を見ても分かる通り、多くの業務は今後APIを組み合わせていくことでどんどん効率化されていくだろう。この動きが進むと、多くの人が「今まで、なんて生産性の悪い仕事のやり方をしていたんだ」と気付かされることになる。そうなれば、誰もが「○○も効率化できないだろうか」と思うようになる。誰でも簡単にAPIを利用できるような環境が整備されれば、プログラマーでなくてもちょっとした思い付きで仕事を効率化できるようになるかもしれない。

では、そんな未来像をどうやったら実現できるのか。まず必要となるのは、さまざまな企業が提供している多種多彩なAPIを手間なく呼び出せ、効率よく利用できるような環境だ。ただし、単純にAPIを並べておくだけではプログラマーしか利用できないので、誰もが使えるようにどんどん進化させていくことも求められる。プログラマーでなくても利用できるような仕組みを段階的に組み込んでいき、最終的には誰でも自由に仕事を効率化できるような環境を生み出すことが、目指すべき目標のひとつといえるだろう。

APIを理解しておくと有利なのはマーケティングや企画の担当者

ちなみに、プログラマーは必須として、それ以外で誰がＡＰＩの仕組みや環境を理解しているとより役立つだろうか。例えば、マーケティングや企画の担当者が理解していれば、新規ビジネスの立ち上げには非常に有利となるだろう。というのも、ビジネスの創造というのは意外とシンプルで、詰まるところ「２つ以上の〝アイデア〟の新しい組み合わせ」だ。このアイデアの部分をＡＰＩに置き換えれば、ＡＰＩの組み合わせで新規事業が出来上がるわけだから、ＡＰＩについて知っておくことは非常に重要となる。ただし、ＡＰＩについて熟知しても、最終的に求められるのは「新しい組み合わせを思い付けるかどうか」にかかっている。そういった意味では、ＡＰＩだからといって深く考えず、いつも通りの感覚も大事にしてほしい。

1-3

機能ではなくサービスを呼び出す

「いくつかのＡＰＩを組み合わせることで新しいサービスが生み出せる」という話をしたが、複数のＡＰＩを利用した新サービスはすでに登場している。例えば、米Ｕｂｅｒ Ｔｅｃｈｎｏｌｏｇｉｅｓ社が運営する配車サービス「Ｕｂｅｒ」はその代表例のひとつだ。日本ではまだ限定的な展開となっているものの、多くの人がその存在を知っている。

Ｕｂｅｒは、ひと言で説明すると「タクシーをスマホで手軽に呼べる便利サービス」だ。乗客はスマホアプリを利用して現在地や指定した場所にタクシーを手配できるほか、事前に目的地を指定しておけば行き先を告げる必要もなく、クレジットカードを登録しておけば到着後の支払いも不要となる。既存のタクシーよりもスムーズかつ手軽に利用できる利便性の高さが大きな魅力となっている。

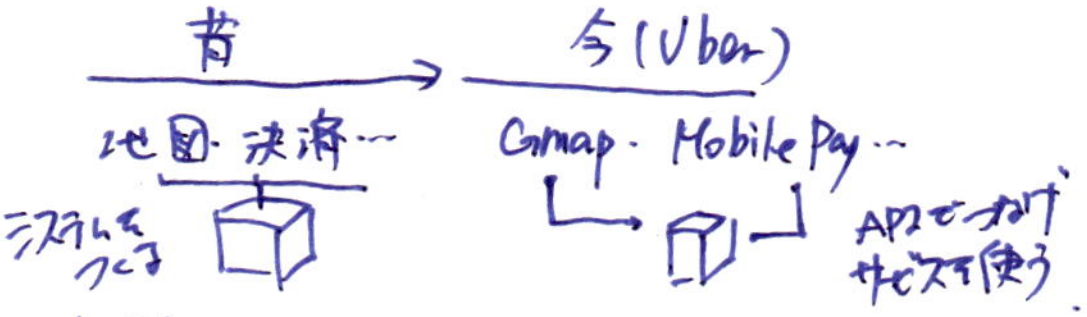

その一方で、Ｕｂｅｒをその仕組みから見てみると、既存のタクシー会社と大きく異なる特徴を持っている。それはＵｂｅｒ Ｔｅｃｈｎｏｌｏｇｉｅｓ社自体が車両を保有しておらず、専属のドライバーと契約したり、別のタクシー会社と提携したりして配車している点だ。当然、そのドライバーとのやり取りにもスマホアプリが利用されているので、そこまで含めた全体の仕組みを踏まえると、Ｕｂｅｒは「乗客とドライバーを結ぶマッチングサービス」ともいえる。

Ｕｂｅｒのような配車サービスを実現する場合、「マッチング」以外に必要となる機能は、「地図」「決済」「コミュニケーションツール」などが挙げられる。ひと昔前であれば、サービスを提供する企業がその機能のすべてを作っていたことだろう。しかし、Ｕｂｅｒではマッチング以外の機能を他社が提供するＡＰＩでまかなっている。まさに、他社のＡＰＩを組み合わせて、Ｕｂｅｒという新しいサービスを生み出したわけだ。

ただし、ここで注目してほしいのは、ＵｂｅｒがＡＰＩで呼び出しているのは地図や決済、コミュニケーションツールという機能単体というよりは、「すでに完成された他社のサービスそのもの」だということ。例えば、Ｕｂｅｒの地図機能には、「Ｇｏｏｇｌｅマップ」が採用されている。イメージとしては「他社のサービスそのもの（Ｇｏｏｇｌｅマップ）を、自社のサービス（Ｕｂｅｒ）を構成する部品のひとつとして組み込んでいる」と捉えてほしい。

　このような状況を鑑みると、ＡＰＩはソフトウエアと連携するためのものから、他社のサービスと連携するためのものに変わりつつあると考えてよい。先ほど「いくつかのＡＰＩを組み合わせることで新しいサービスが生み出せる」と書いたが、いろいろなサービスからＡＰＩが提供されるようになれば、今後は「既存のサービスを組み合わせることで、新しいサービスが生み出せる」という考え方に変化していくことになる。

他社サービスは、自社サービスのコンポーネントの一部

パーソナライズされた金融サービスから有望な新人作家を発掘する仕組みまで

「既存のサービス＋既存のサービス＝新しいサービス」という公式が構築できれば、さまざまな業界で新しい発想が生まれてくることだろう。例えば、ファイナンス（Ｆｉｎａｎｃｅ）とテクノロジー（Ｔｅｃｈｎｏｌｏｇｙ）を組み合わせた「Ｆ・ｉｎＴｅｃｈ（フィンテック）」で注目を集めている金融業界では、近年積極的にＡＰＩの公開を進めている。銀行であれば決済や融資などのサービスや、顧客にまつわる膨大なビッグデータをＡＰＩとして切り出して提供することが可能なので、近い将来それらを気軽に利用できる環境が整ってくる。

金融サービスのＡＰＩが利用できるのであれば、「クラウドバックアップサービス」と組み合わせると面白い。例えば、２章で紹介するＡＯＳデータ株式会社ではクラウドバックアップサービスとして「ＡＯＳＢＯＸ」を提供しており、利用者の写真や動画、ドキュメントといったあらゆるデータを預かっているが、これらのデータを解析すればさまざまなことが見えてくる（もちろん、実現には利用者の事前許諾が必要なのは言うまでもない）。具体的には、データ解析によってその人の趣味やライフスタイル、家族構成などが分かれば、それに合わせた保険や定期預金などを提案することができる。解析の精度が上がることでその人のニーズや悩み事まで分析できるようになれば、よりパーソナライズされた金融サービスの提案も可能になる。当然の話だが、ここまで細やかな対応は金融機関だけではまず不可能だ。クラウドバックアップサービスやデータ解析サービスと組み合わせることで生まれる新しいサービスであり、これこそがＡＰＩエコノミーによって生まれる新しい価値といえる。

もうひとつ、出版業界の電子出版事業にフィーチャーし、これまでにない新しい事業を考えてみたい。もちろん、ベースとなる考え方はサービス（ＡＰＩ）の組み合わせだ。例えば、現在はもう誰でも作家になれる時代で、インターネット上を探せば多彩な文章やネタがあちらこちらに転がっている。「Ｂｌｏｇ（ブログ）」などはまさにネタの宝庫だし、私小説を発表している人も見かける。さらに、

１４０字の文字制限が緩和されつつある「Ｔｗｉｔｔｅｒ（ツイッター）」でも多彩なネタには事欠かないばかりか、文字制限をものともせず小説を投稿している人がいるのは驚きだ。ＴｗｉｔｔｅｒのＡＰＩを活用すれば、膨大なテキストデータを得ることができる。これに加えて、現在ではすでに文章評価に対応した人工知能エンジンが存在しているので、その人工知能エンジンのＡＰＩを使って収集したテキストデータを評価していけば、面白いネタや上手い文章を書く人を見つけることができる。評価の精度が上がれば、有望な作家候補にも出会えるはずだ。そして、こういった作家候補を効率的に発掘した暁には、さらにその人たちと電子出版の仕組みをマッチングする仕組みを構築することで、有望な新人作家をデビューさせられる環境が生み出せるというわけだ。

発想力や目利き力は依然として必要だがそれをサポートするＡＰＩも登場する

このように、自分でゼロからすべての機能や仕組みを作らなくても、既存のサービスを組み合わせることで新しい電子出版事業を立ち上げられる。どのような業界であれ、同じような考え方で自社のサービスや他社のサービスを組み合わせていけば、見たこともない斬新なサービスを生み出せるはずだ。そればかりか、自社を含めた多くの企業がサービスのＡＰＩを提供していくことで、創造的な新規事業の立ち上げはかなり効率的になるに違いない。効率が上がれば新規事業を立ち上げる企業の数も増加する。既存事業だけでは伸び悩み傾向にある企業が増えている今こそ、新規事業を立ち上げやすい環境を作っていく必要があるだろう。

そういった意味では、ＡＰＩやＡＰＩエコノミーには、新規事業をサポートする可能性も秘めているといえる。もちろん、その環境を生み出すことは容易ではないが、今後の流れとしてそういった方向に進んでいくことは間違いない。そういった動きを考えれば「ＡＰＩの重要性に早く気付いた人から成功していく」といえるだろうし、多くの人に「その重要性に気付いてほしい」と願っている。

ちなみに、「ＡＰＩの重要性に気付いても、結局はサービスを組み合わせる発想力や、サービスに対する目利き力みたいなものが求められるのではないか？」と思う人もいるだろう。もちろん、その意見は間違っていないし、発想力や目利き力は今後も求められる能力といえる。しかし、ここでちょっと面白いのは「発想力や目利き力の手助けになるだろう世間の〝ニーズ〟や〝関心事〟は、ＡＰＩを使えば調べられる」ということ。ひと昔前であればこれらは大規模なアンケートを実施して調査していたが、今の世の中は「Ｔｗｉｔｔｅｒでどんな言葉が多くつぶやかれているのか」などを分析した需要予測がすでに確立されつつあるからだ。また、インターネット上で資金を調達する「クラウドファンディング」のような仕組みを利用してもよい。この場合は、新規事業の企画内容を公開し、資金が集まるかどうかで需要やニーズを予測するイメージだ。実際、大手企業などは「資金集め」よりも「マーケティング」を主な目的としてクラウドファンディングを利用するケースが増えている。

さらに、近い将来はクラウドファンディングと連携できるＡＰＩも登場するだろうし、いずれは需要予測自体がひとつのサービスとしてＡＰＩで提供される時代も来るだろう。企画やアイデアを登録したらすぐに需要予測がはじき出され、資金が集まればそのまま展開し、ダメなら撤退するという感じで、さらなる自動化へと進化していくのかもしれない。ここまでくると、事業を立ち上げる手順はまったく別物に変わってくるといえそうだ。これと同じような感覚で、ありとあらゆる産業が劇的に変化していくのではないか。さらに、その変化のスピードは非常に速くなってきたと感じている。

いずれはプログラムさえ不要になりアイコンを選んで新サービスを生み出せる

このように、ＡＰＩの魅力は「それをどう使うか」ということや、「いろいろな新しい組み合わせができる」という点にある。究極的には、いずれその組み合わせ自体もＡＩによって最適化され、自動で面白いサービスを提案してくれる仕組みが登場していくだろう。また、すでにプログラムの生成自体もかなり自動化されてきているので、いずれは「プログラムを組む」という感覚もなくなりそうだ。

これが実際のものとなれば、APIのインターフェイスやプログラムの知識がなくても、画面のアイコンを選んでサービスを組み合わせるだけで新しいアプリやサービスが作れてしまうほど、ハードルは下がっていくのかもしれない。こうなると、いよいよ本当にアイデアだけが勝負となるため、「何をどう組み合わせたらどんなことができるのか？」という部分が重要になってくるはずだ。

その一方で、このような環境の変化が起きても、企業の基本的な在り方にはそれほど大きな変化はないのかもしれない。なぜなら、企業の追求すべきものが「利益（＝事業の成功）」であることに変わりはないからだ。ひとつ言えるのは、APIによって事業の効率が飛躍的に上がるため、事業に対する投資金額は今までよりも抑制できるだろう。加えて、資金的な余裕が生まれれば失敗する確率を抑えられるため、結果的に「企業全体が成功しやすくなる」はずだ。

1-4

APIで自前主義から脱却

APIによる変化を考えたとき、その企業が「持てる者」か「持たざる者」かで、その影響はやや変わってくる。大企業は当然持てる者として商品やサービス、人材などを持っているわけだが、APIの広がりによって「持っている」ことが足かせになりつつあるからだ。APIの公開によってさまざまなサービスを手軽に利用できるような環境が整えば、持っていない企業でも新しいサービスを生み出すことは可能になる。一方で、大企業は既存の商品やサービスの開発・維持にそれなりのコストや手間がかかるし、さまざまなしがらみも存在する。そのため、持っていることが必ずしも大きなメリットではなくなっているわけだ。

このような背景が生まれたことで、持たざる者である新興企業が、持てる者である大企業と同じ土俵に立って勝負できるようになりつつあるのは特徴的といえる。前節で紹介したＵｂｅｒなどは、既存のタクシー会社と対等か、あるいは追い越すほどの勢いになりつつあるのだから、それを見事に体現しているといってよい。まさに現在はそういった時代であり、その変化こそがＡＰＩエコノミーの広がりを加速させていくことになる。

では、持てる者はどうすればいいのか。持たないという選択肢にメリットが生まれたとはいえ、持っていること自体は依然として強みであることは間違いない。そんな状況で淘汰されないためには、その強みを他社に活用してもらうような考え方にシフトしていくことが必要だ。強みであるサービスなどを「ＡＰＩで公開していく」という方向性に切り替えていくことは、そのひとつといえる。これによって多くの企業に自社の強みを活用してもらい、自らが主導権を握る新しい経済圏を構築・拡大していくのがベストな流れだ。

金融業界の強みは「顧客基盤」活かせなければ淘汰される可能性も

金融業界を例に考えてみよう。決済機能や融資、保険などのサービスがＡＰＩで提供されるようになると、金融とはまったく関係のない新興企業でも、ＡＰＩを活用して同様の金融サービスを提供することが可能になる。仮に、とある銀行が融資の機能をＡＰＩで公開した場合、ＵｂｅｒがそのＡＰＩを使って契約ドライバー向けの融資事業を開始することも不可能ではない。

そういった状況にあって、銀行ならではの強みとは何か。ひとつ挙げられるのはこれまでに培ってきた「顧客基盤」だ。新興企業がどうあがいても太刀打ちできないものであり、メガバンクであれば強力な武器となるはずだ。この顧客基盤を活かしたサービスをいかに提供できるか。それが、生き残るためのカギのひとつといえる。逆に言えば、顧客基盤を活かしたサービスを生み出せない銀行や、顧客基盤の弱い銀行が淘汰される可能性は否定できない。もっとも、どんな企業でも生存能力があれば必然的に生き残ろうとするはずだから、ＡＰＩによって変化が起きるといっても、ある程度の顧客基盤を維持してビジネスが推移していくのではないかとも予想している。

変化に素早く対応する一方で日本に合った方向性も議論したい

ただし、このようなＡＰＩによる変化や影響を紹介したものの、それがすでに日本で起きているかというと、必ずしもそうでもない。Ｕｂｅｒの例を挙げれば、サービスの導入は日本のタクシー業界のほぼすべてが反対の姿勢を取っているため、現実的にＵｂｅｒのサービス利用はまだ限定的に留まっている。また、「既存のタクシー会社が、Ｕｂｅｒと同じようなサービスをやればいいのに」とも思うが、さまざまなしがらみがあってか、そういった動きも見られていない。せいぜい、一部のタクシーグループが配車アプリを提供しているに留まっているのは何とも残念だ。このような対応をしているうちに、世界の時流から日本が取り残されたりしないかと心配にならないでもない。

その一方で、APIエコノミーによって起きる変化を「海外と同じように受け入れる必要があるのか」という視点も大事だと感じている。海外と日本では国の仕組みも国民性も違うため、「日本がどういった方向へ進んでいけばいいのか」という議論はしっかり深めていく必要があるだろう。Uberに関して言えば、サービスの質や安全性の不安などは以前から指摘されており、今のやり方では限界がある部分もあるからだ。さらに言えば、タクシー業界にとっては自動運転技術によってUber以上に本質的な変化を強いられる可能性もある。そういった側面も含めて、どう対応していく必要があるのかを話し合っていくことになるだろう。

このような激動の変化に対応するためには、当たり前のことだが「スピード感」が不可欠となる。それは開発のスピードであり、あるいは経営判断のスピードでもある。そして、そのような状況ですべてを自社で作っていると、そのスピード感に追い付けなくなる可能性は高い。持てる者である大企業であっても、APIエコノミーが広がった暁には、他のサービスを可能な限り利用した方が得策となる。

無料では使いにくい場合も多い 企業が利益を得られる仕組みも必要だ

ただし、ここまでの話はあくまでもAPIを気軽に利用できる環境が整っていることが大前提だ。そうでなければ、結局は「自前で作った方が早い」ということになるため、現状ではその点がジレンマとなっている。

例えば、世の中には無料で利用できるオープンソースが豊富にそろっているものの、実際に使いやすいものとなるとそれほど多くない。どちらかと言えば、オープンソースであればあるほど使いにくい傾向にある。無料ではサポート体制も期待できないからだ。一例として、米Google社では「TensorFlow（テンソルフロー）」と呼ばれる人工知能プログラムのオープンソースを無料で公開しているが、利用にあたっては必ずしも使い勝手が良いとは言えず、少々ハードルが高くなっている。

このように、他社のものが使いにくいものばかりでは、自前主義を捨てようと思っても結局は「自前の方がいい」となるのは自明の理。なかには、自前主義から脱却したいのに、仕方がないから自前主義になっているという企業もある。そういった状況を回避するためには、APIの利便性を高めていく努力も求められる。

このような環境を整備するにあたってAPIを〝利用する〟側の利便性を考えるのはもちろんだが、APIを〝提供する〟側の利便性を考慮する必要があることも忘れてはならない。提供側のニーズはいくつかあるが、重要なポイントのひとつとして挙げられるのは、eコマースのように「利益を得られる仕組み」を整えることだ。APIを無料で提供するのもひとつのやり方ではあるが、APIの提供によって「利益を生み出したい」と考えるのは企業として当然のこと。そういった企業のニーズに応えるためには、販売方法ひとつを取ってみても単純にサービ

APIの利用にはハードルがある。そのハードルをビジネスとして超えていかなければならない。

スを単体で売るだけでなく、月額の利用料や利用頻度に応じた支払い形態などにも対応する必要があるだろう。

利用者をサポートする機能も API取引所には不可欠となる

モデルイメージとしては「App Store」や「Google Play」などのアプリストアが近いかもしれない。ただし、これらアプリストアの形態にまで持っていく過程は、あくまで環境整備の第1段階に過ぎない。スマートフォンのアプリと違い、APIは提供するだけでなく、実際に利用できるようにするためのさまざまなサポートが必要となるからだ。例えば、APIの使い方を教えたり、実際の利用事例を紹介したり、あるいは問い合わせに対応したり……。そういった部分まで細かく支援していくことがビジネス的には重要で、APIのやり取りを管理する「API取引所」のような場所を作るのであれば、絶対必要な機能となる。

例えば、優秀なプログラマーがＡＰＩを公開した場合、それぞれの企業との契約やトラッキングデータの管理を、個人ですべて対応するのはまず不可能に近い。だからこそ、「ＡＰＩ取引所なら、全部面倒を見ますよ」というぐらいの体制が必要となる。そのほかにも、ＡＰＩは実際に試してみないと上手く利用できないことも多いので、トライアルができるような環境や使い方の事例などを提供していかないと、ユーザーの広がりは見込めないだろう。また、手厚いサポートにはある程度の金銭的な対価が発生するケースもあるわけだが、無料で利用できる部分を用意しつつも、有料でさらに良質なサポート体制を提供するような仕組みも、ＡＰＩ取引所に求められる機能だと考える。そういったサポートの重要性こそが、「ＡｐｐＳｔｏｒｅ」や「ＧｏｏｇｌｅＰｌａｙ」とは大きく異なるポイントといえるだろう。

プラットフォーム側の制限を排除して
ＡＰＩによるビジネスの拡大を目指す

一方で、マーケット的なイメージで見れば、ＡＰＩ取引所は米Ａｍａｚｏｎ.ｃｏｍ

社のクラウドサービスプラットフォーム「Amazon Web Services（AWS：アマゾンウェブサービス）」やセールスフォース・ドットコムの営業支援・CRMツール「Salesforce（セールスフォース）」のアプリが公開されているマーケットプレイスに近いかもしれない。しかし、AWSにしろSalesforceにしろ、アプリの利用範囲はどちらもそれぞれのプラットフォーム内で閉じられている。そのため、自由な発想でサービスを結び付けることには限界がある。

もちろん、AWSもSalesforceも自社のサービスの利便性を上げるために利用できる範囲に制限を設けているが、そのやり方自体が間違いというわけではない。ただ、もっと公的に開かれた場であり環境が必要だ。AWSやSalesforceは、結局のところプラットフォーム側の論理で作られていることは否定できない。利用する側からすれば「AWSやSalesforceに縛られたくない」という不満はあるだろうし、もっと自由に組み合わせたいという欲求があるに違いない。少なくとも、プラットフォーム側の視点ではどうしても使い

結局は、ユーザに使ってもらうこと。そして拡大していくことが、ビジネスとしては必要不可欠

方に制限を受けるケースが多いので、ＡＰＩ取引所ではプラットフォーム側の制約を極力排除していくべきだろう。

こういったユーザーの利便性を意識した考え方は、ＡＰＩを提供する企業にも押さえておいてほしい点だ。そもそも、ＡＰＩ取引所を実際に整備するとなると、第1段階としてまず多くのＡＰＩを集め、そこから徐々にＡＰＩのユーザーを広めていくわけだが、このユーザーの広がりが生まれないことには、ＡＰＩによるビジネスの拡大も期待できない。ビジネスとして成り立たなければ、ＡＰＩを提供する企業としても注力しづらいはずなので、ＡＰＩの利用を活発化していくためにもユーザー目線の対応に期待したいところだ。

また、ＡＰＩエコノミーの活発化によってさらにユーザーが拡大し、提供企業側にも「もっとＡＰＩに投資してみよう」とか「別のサービスや機能をＡＰＩで公開してみよう」といった好循環が生まれるだろう。逆に言えば、そういった好循環を生み出さなければ、「予想されるＡＰＩエコノミーの市場規模は何兆円！」

といううたい文句は絵空事で終わってしまうに違いない。ＡＰＩの利用側だけでなく、提供側もその変化を実感として感じられるような状況を作っていくことが、ＡＰＩ取引所には求められる。

1-5

あなたの会社のビジネスもAPIになり得る

ＡＰＩ取引所が機能的に整備されれば、有料のＡＰＩを公開して新たな収益を得ることが容易になると予想される。このような環境が実現すれば、自社のＡＰＩを積極的に他社へ提供していくことで、自社の収益に少なくないインパクトを与えることも可能となる。ＡＰＩの広がりによって自社のビジネスを受動的に変化させていくのもひとつの方法だが、さらなる利益を求めて自主的に自社事業を見つめ直す意味では、これは大きなチャンスとなるはずだ。他社から提供されるＡＰＩを組み合わせて新しいサービスを生み出すだけでなく、自社のサービスをＡＰＩとして提供することで可能性を広げられる点も、ＡＰＩの秘めた可能性であり、企業に与える影響でもあるだろう。

前節で「顧客基盤」の話をしたが、ＩＴの普及によってＡｍａｚｏｎ．ｃｏｍ社や楽天株式会社（以下、楽天）が膨大な顧客基盤を持つようになった。これによって起きた変化のひとつとして、楽天は買い物履歴などを参考にし、自社のクレジットカードである「楽天カード」の審査を独自で行えるようになっている。従来であればクレジットカードの審査は金融機関が担当していたわけだが、顧客基盤を持つことでそれが可能になったというのはじつに面白い現象といえる。これは顧客基盤による変化だが、ＡＰＩでもこれに近い変化が起きるのではないかと考える。

また、ＩＴが広まった現代では、顧客基盤に限らず巨大なサービスや膨大なデータを有しているプラットフォームは、その存在感をますます強くしていくと見て間違いない。Ａｍａｚｏｎ.ｃｏｍ社やＧｏｏｇｌｅ社はまさにその代表格となるわけだが、これらの企業が自社のＡＰＩをどんどん公開し、そのＡＰＩを活用した他社の新しいサービスをさらに取り込んでいくという流れで、ＡＰＩのすべてを牛耳るような存在になっていくだろう。個人的には、この流れはもう止められないと考えている。

スマートスピーカーを見れば一目瞭然
必要なのは「発想の転換」だ！

では、そういった流れの中で、残りの企業はどうやって生き残っていけばよいのか。それはやはり「発想の転換」だ。考え方としては、最近注目を集めているスマートスピーカーの動きを見てみるとよく分かる。現在、スマートスピーカーと呼ばれる製品はＡｍａｚｏｎ．ｃｏｍ社の「Ａｍａｚｏｎ Ｅｃｈｏ」やＧｏｏｇｌｅ社の「Ｇｏｏｇｌｅ Ｈｏｍｅ」を筆頭に数多くの製品が登場している。ここで注目したいのは、スマートスピーカーの最重要機能である音声アシスタント機能のＡＰＩを、Ａｍａｚｏｎ．ｃｏｍ社やＧｏｏｇｌｅ社が他社に公開しているということ。そのため、このＡＰＩを使った他社製品ではＡｍａｚｏｎ ＥｃｈｏやＧｏｏｇｌｅ Ｈｏｍｅとまったく同じ機能が利用できるようになっているのだ。これはつまり、ＡＰＩさえ利用すれば、どんな企業でもスマートスピーカーを生み出せるということ。３Ｄプリンターなどを利用すれば、個人でも製作できるわけだ。

これこそまさに「時代が変わった！」と感じさせる実例のひとつといえるだろう。ひと昔前であれば、家電製品を個人が作るのはほぼ不可能に近く、かなりの手間と労力を費やしても趣味の延長線上で終わるのがせいぜいだった。それが今や、音声アシスタント機能はＡＰＩで提供され、ハード面は３Ｄプリンターを利用でき、資金はクラウドファンディングで集めることで質の高い製品を作ることも不可能ではない。モノづくりのハードルが大きく下がっている。

超巨大な基盤を持っている特定の企業に物事が集約されていく流れはもう避けようがない。であるならば、その企業が提供する機能やサービスのＡＰＩを利用することで「何でもできる」という発想に切り替えてみてはどうだろうか。そうすることで企業のポテンシャルは向上する。今後も生き残りたいのであれば、積極的にＡＰＩを活用していく発想に切り替えることが大事だと感じている。

スマートスピーカーの例は「家電メーカーの競合相手が、家電メーカー以外からも出てきている」という大きな状況変化を如実に示している。ただし、モノづくりやサービスの本質である「みんなが欲しいというものをどう提供していくか」という基本の仕組みは今後も変わらない。それを踏まえつつ、APIを組み合わせてさらなる効率化を実現すれば、必ずうまくいくだろう。逆に、旧態依然としたやり方を変えられないようでは、先は見えている。顧客ニーズをうまく吸収し、タイムリーに製品やサービスを提供していく仕組みを構築できなければ、その企業は自然と淘汰されていくことになるだろう。

APIやAPIエコノミーは他人事ではない 我が事としてその価値や変化を見極めよう

ここまで、APIやAPIエコノミーによる企業の変化について語ってきた。では、そういった企業の変化にともなって、その企業に所属する社員にはどのような影響や変化が出てくるのだろうか。ひとつ考えられるのは、「社員」という立場の変化だ。ここまで紹介してきたように、APIエコノミーの普及やAPI取引所の整備が進めば、誰でも簡単にAPIを組み合わせた新しいサービスを生み出すことが可能になる。さらに、ＡＰＩ取引所でそのサービスのＡＰＩを公開すれば、手間なく手数料や売り上げで収益を得ることも実現できる。そうなれば、社員として会社に属さずに、自分で起業しようと考える人は増えるだろう。近年はＩＴ技術の進歩によってベンチャー企業のように起業のハードルは下がっているが、ＡＰＩによってそのハードルはさらに下がっていくはずだ。

ただし、誰もが個人で起業するかというと、そんなことはないだろう。いくらＡＰＩの使い勝手が良くなったとしても、個人でできることには限界があるし、企業だからこそ実現できるアイデアもあるからだ。そういった意味では「個人で起業する、しない」ということ以上に、各個人がＡＰＩエコノミーによって生まれる価値を見極め、その環境にどうかかわっていくかを考える必要がある。どんな立場であれ、重要なのは「ＡＰＩを我が事として捉えなければならない」ということだ。

1-6

金融業界で先行するAPIエコノミー

金融庁の後押しを受け、現在APIへの取り組みに邁進しているのが「金融業界」だ。金融を意味するファイナンス（Finance）と、技術を意味するテクノロジー（Technology）を組み合わせた「FinTech」で話題の業界だが、実際のところ行政と企業の動きはどうなっているのか。金融庁出身で現在はマネーフォワードに勤める神田潤一氏に、双方の思惑や現在の対応などを聞いた。

株式会社マネーフォワード
執行役員 渉外／事業開発担当
神田 潤一氏

佐々木 隆仁 氏

神田 潤一 氏

佐々木氏　近年、日本国内で最もＡＰＩ公開に積極的な業界のひとつが「金融業界」です。２０１７年５月に成立した改正銀行法では、金融機関に対してオープンＡＰＩ公開の努力義務が課されました。現在は金融庁が先頭に立ち、世界最先端のＦｉｎＴｅｃｈ立国を目指した制度設計が急ピッチで進められていますが、その中心的な施策であるオープンＡＰＩの取り組みを金融庁で率いていたのが神田さんですね。

神田氏　私はもともと日本銀行にいたのですが、２０１５年８月に金融庁へ出向し、当時できたばかりのＦｉｎＴｅｃｈチームを率いることになりました。当時の金融庁では、海外で先行していたＦｉｎＴｅｃｈの動きが、いずれ日本に波及するであろうことを見越して、「早めに準備を整えておくべきでは？」という議論がありました。海外ではリーマンショック後の規制強化に対する反動として、既存の金融機関にはない利便性の高いサービスを提供する新興ＦｉｎＴｅｃｈ企業が急速に台頭していました。そうしたサービスが日本に入ってきたとき、旧態依然とした制度のままでは金融システムが不安定化してしまう恐れがあります。そこで、金融庁を中心に国内のＦｉｎＴｅｃｈを積極的に推進していこうという動きが、２０１５年ごろからスタートしました。

佐々木氏　ＦｉｎＴｅｃｈにおける日本と海外の動きには、どのような違いがあるのでしょうか。

神田氏　海外では既存の金融サービスを置き換える形でＦｉｎＴｅｃｈが台頭してきました。しかし日本では、既存の金融機関が提供するサービスの質は高く、顧客も大きな不満を抱いてはいません。そこで日本では、既存の金融機関の高い信用力をベースにＦｉｎＴｅｃｈを広げていくという方針の下、制度設計が進められています。

佐々木氏　２０１７年４月に施行された改正銀行法で、金融機関がＦｉｎＴｅｃｈ企業に出資しやすくなったのも、そうした政策の一環なのですね。

神田氏　おっしゃる通りです。日本では海外と違い、金融庁のリードの下、金融機関とＦｉｎＴｅｃｈ企業が密接に連携しながら新たなサービスを作り上げていくことが期待されています。銀行を中心とする金融機関はこれまで、堅牢で重厚長大なシステムでサービスを提供していきました。しかし、これからの時代に求められる「ユーザー一人ひとりに寄り添ったサービス」「テーラーメード型のサービス」を実現するには、トライ&エラーを繰り返しながら新たなサービスを迅速に作り上げられる「迅速かつ柔軟なシステム」が必要です。そうしたシステムをインターネットやクラウドをベースに素早く構築し、金融機関のデータを利用しながらトライ&エラーで新サービスを作り上げていける。それこそがＦｉｎＴｅｃｈ

企業の強みです。

佐々木氏　両者が互いに強みを持ち寄り、二人三脚で日本ならではのＦｉｎＴｅｃｈサービスを創り上げていくということですね。

●オープンＡＰＩと仮想通貨の両輪で世界最先端の金融システムを目指す

佐々木氏　金融庁が近年打ち出しているＦｉｎＴｅｃｈ関連の政策を見ていると、オープンＡＰＩとともに仮想通貨に関する制度設計にも積極的に取り組んでいる印象を受けます。２０１７年４月の改正資金決済法の施行で、ビットコインなどの仮想通貨の取引所が登録制になりましたが、これはある意味、仮想通貨の取引にお墨付きを与えたともいえます。さらに、仮想通貨を扱うＦｉｎＴｅｃｈ企業に対する金融機関の出資も規制緩和されましたから、今後仮想通貨の市場に巨大なマネーが流れ込む可能性もあります。日本の金融行政は「随分、思い切った方向に舵を切ったな」と個人的には感じています。

神田氏　確かに、少し前までは海外がＦｉｎＴｅｃｈの取り組みではるかに先を行っていました。しかし、今やオープンＡＰＩや仮想通貨に関する法制、それに対応する民間の動きにおいては、日本が逆に一気に世界最先端へと躍り出た格好です。金融庁としても、相当な覚悟を持ってこうした方向性を打ち出しているはずですが、変化のスピードや大きさがあまりにも急すぎると、金融システムが不安定化するリスクもやはりあります。そこで、金融機関とＦｉｎＴｅｃｈ企業が一体となって施策を進めていった方が、「いざというときのコントロールが利きやすい」という金融庁の意図があるのだと思います。

佐々木氏　中国や韓国がやったような「急ブレーキ」は、日本では利かないでしょうから、やはり緩やかにコントロールしていく方法を取るということでしょう。ちなみに、私たちは今、ＡＰＩ取引のプラットフォームを整備しているところなのですが、ここでさまざまな金融ＡＰＩが公開されるだけでなく仮想通貨も結び付くことになると、非常に大きなムーブメントが起こるのではないかと予想しています。

神田氏　それは同感です。ただし、その結果によってバブルの膨張と崩壊を招き、一般投資家の生活が破たんしてしまうような事態は避けなければなりません。そうしたリスクを抑えながら、健全なマーケットの発展をリードしていく必要があるでしょう。

佐々木氏　その通りですね。ＦｉｎＴｅｃｈの今後の発展は、この点をどれだけうまくコントロールできるかにかかっていると思います。

●地銀のオープンＡＰＩに対する取り組みがＦｉｎＴｅｃｈの成否の鍵を握る

佐々木氏　オープンＡＰＩに対する各金融機関の取り組みに何か違いはあるのでしょうか。

神田氏　先進的な一部の金融機関では、銀行法が改正される前から海外の動きを敏感に捉えて、ＡＰＩの公開に先行して取り組んでいました。ただし、そのような状況では、ＦｉｎＴｅｃｈの恩恵を受けられるのは、先進的なメガバンクやネット銀行と取引のある首都圏の一部ユーザーだけに限られてしまいます。ＦｉｎＴｅｃｈのメリットは、むしろ労働人口減少や中堅・中小企業の生産性などに課題を抱える地方経済にこそあるはずなのですが……。

佐々木氏　金融庁が、地銀や信用金庫に対してもオープンＡＰＩの努力義務を課したのは、そうした背景があるのですね。

神田氏　はい。金融庁では、先日成立した改正銀行法を施行した後の2年間で、80の銀行のＡＰＩ公開を目指すとしています。地銀と第二地銀の数を合わせると１００強ですから、約8割の銀行がオープンＡＰＩに乗り出すことを前提にしています。従って、今回のオープンＡＰＩの施策を他人事と考えている地銀はいないはずです。そうしたなかで、「これを機に、積極的に先進的な取り組みに乗り出そう」としている地銀もありますが、個人的な感覚としては「法対応のためにやむなく取り組む」という地銀の方が多い印象です。現時点では前者が1割弱、後者が2割前後、残りは「まだ様子見」といったところでしょうか。

佐々木氏　しかし、数年後には約8割の銀行がAPIを公開することになるのですから、これらを利用してサービスを開発・提供するFinTech企業側にとっては、やはり大きなビジネスチャンスだといえそうですね。神田さんが現在所属されているマネーフォワードなどは、まさにそのムーブメントの先頭を走っているわけです。

神田氏　私たちのようなFinTech企業の側は、今まさにオープンAPIに積極的に取り組もうとしている地銀と互いに連携しながら、どんな新サービスが実現できるかの相談を進めているところです。地銀ごとにAPIの仕様は異なってくるでしょうから、それらすべてに対応するにはどうしても工数が掛かります。そこで、先行して取り組んでいる地銀から先に、順次サービス連携の検討を進めています。

佐々木氏　そうした取り組みを具体的に始めているＦｉｎＴｅｃｈ企業は、全体でどれぐらいあるのでしょうか。

神田氏　ＦｉｎＴｅｃｈ協会に加盟している企業は80社を超えており、そのなかですでに金融機関と接続してサービスを提供している企業も十数社あります。しかし、その多くはベンチャー企業なので、各地銀との取り組みを同時並行で進められるだけの体力を持つ企業となると、まだそう多くないのが実状です。

●国内ＦｉｎＴｅｃｈ企業の先頭集団を走るマネーフォワードの取り組み

佐々木氏　マネーフォワードがＦｉｎＴｅｃｈ企業として提供されているサービスの内容を、簡単に教えてください。

神田氏　企業向けのサービスと、個人向けサービスの両方を提供しています。企業向けとしては、クラウド会計サービスを提供しています。銀行から口座の情報を自動的に取得し、ＡＩ技術によって自動的に仕訳を行うことで、企業の会計・経理業務の効率化やコスト削減に大きく貢献できます。またそうやって削減できた工数を、別のより付加価値の高い業務に振り分けることで、企業の収益向上にも寄与します。

佐々木氏　クラウドサービスとして製品を提供しているのも大きな特徴ですね。

神田氏　はい。迅速かつ低コストでシステムを導入できるため、ＩＴに多額の予算を割けない中堅・中小企業でも手軽に利用できます。また、クラウド環境上に蓄積されたお客様のデータを基に、企業ニーズにマッチした金融機関のサービスをタイムリーに案内する取り組みも一部で始めています。

佐々木氏　個人向けの家計簿サービスは、かなり広く知られていますね。

神田氏　こちらも、金融機関の口座情報を自動的に取得することで、日々の引き落としや振り込みの履歴を可視化できるようになっています。しかも、単に履歴が分かるだけでなく、自身の資産状況を正確に把握できるようになることで、その一部を投資に回せるようになるかもしれません。またクラウド上のデータを基に、金融機関から顧客一人ひとりにマッチした金融商品やサービスの紹介も行われるようになるかもしれません。

佐々木氏　こうしたサービスも、やはりオープンＡＰＩがあってこそ実現するものなのでしょうか。

神田氏　銀行側がＡＰＩを公開する前から、インターネットバンキングのＷｅｂサイト上でユーザーに成り代わってログインして画面操作を行う「スクレイピング」という手法でシステム連携を実現していました。ただし、この方法ではＦｉｎＴｅｃｈ企業側が顧客の「ログインＩＤ」と「パスワード」をあらかじめ把握しておく必要があるため、セキュリティの観点で懸念を抱く人も少なくありません。しかし、オープンＡＰＩによるシステム連携が実現すれば、ユーザーは銀行側の認証基盤を直接利用できるようになるため、セキュリティ上の不安は払拭されます。

さらに、オープンＡＰＩのメリットはもうひとつあります。それは、ＡＰＩを使ってさまざまなＦｉｎＴｅｃｈ企業が新たなサービスにトライすることで、既存の銀行がこれまで思いも付かなかったような斬新で革新的な金融サービスを生み出す可能性があることです。オープンＡＰＩの本質は、まさにこの点にあります。

佐々木氏　なるほど。ところで神田さんは、金融庁でオープンＡＰＩを推進する立場から、オープンＡＰＩを利用してサービスを開発するＦｉｎＴｅｃｈ企業側の立場に転じられたわけですが、今後オープンＡＰＩを使ったＦｉｎＴｅｃｈサービスが花開くためには、企業側にどのような取り組みが求められるとお考えですか。

神田氏　まずは、私たちサービス提供側が、顧客が本当に「便利だ」と思えるようなサービスを提供できるかどうかが大事です。そのうえで、ＡＰＩを提供する金融機関側のメリットも考慮しなくてはなりません。金融機関側は、まずはＡＰＩ

を開発して公開するためのコストが先行しますから、それを回収できるだけのメリットが見えないと、どうしても取り組みが消極的になってしまいます。どうやって金融機関側のメリットを見出し、ＦｉｎＴｅｃｈ企業とＷｉｎ－Ｗｉｎの関係を築けるかが、今後の大きな課題だと思います。

●ＡＰＩ取引所を通じたオープンＡＰＩ普及の可能性

佐々木氏　今後オープンＡＰＩを推進していくうえで、ＡＰＩ取引所はどのような役割を果たすとお考えですか？

神田氏　これから各行でさまざまなＡＰＩが開発・提供されると思いますが、機能ごとに多種多様なものが世に出てくるでしょう。そうなると、それらすべてをひとつの金融機関が自前で用意するのは無理があります。一方で、大手ＩＴベンダーが共通仕様の金融ＡＰＩを策定する動きもありますが、こうしたＡＰＩはどうしても最大公約数的な性質を帯びますから、細かな機能の面で物足りなさを感じる金融機関やユーザーも出てきます。そうなると、使い勝手のいいＡＰＩを広く仲介できるオープンな場が、自ずと必要になってくると思います。

佐々木氏　海外ではすでにそうしたＡＰＩ取引所の動きは始まっていますし、日本でも金融業界をはじめとして同じムーブメントが起こるとにらんで、私たちはＡＰＩ取引所に取り組んでいます。先ほども申し上げたように、日本の金融業界におけるオープンＡＰＩの動きは今や世界の最先端を走っており、私たちもＡＰＩ取引所を通じて何らかの形でこの動きを後押しできればと考えています。ちなみに神田さんは、オープンＡＰＩをはじめとするＦｉｎＴｅｃｈの取り組みが切り拓く将来像を、どのようにイメージされていますか。

神田氏　２つの方向性があると考えています。ひとつは、ＦｉｎＴｅｃｈ企業が開発・提供するサービスと金融機関とが、ユーザーの意識しないところでＡＰＩを介して連携することによって、人々がストレスなくお金を借りたり使ったり送り合えたりするようになり、お金をより上手に扱えるようになることです。そんな世界が、近い将来実現するのではないかと考えています。もうひとつの方向性は、こうしてユーザーと金融サービスとの関係性が変わってくるにつれて、金融機関の経営方針やサービスもよりユーザー本位の性質を強めていくことでしょう。私たちFinTech企業も、そうした大きな変化の一端を担うことで、より社会の発展に貢献していければと思います。

佐々木氏　ありがとうございました。

第2章

APIの活用法を知る

APIエコノミーは、APIの提供者と利用者の相互にメリットを及ぼす。APIの提供者である各企業の活動を通じ、その活用法や意義を見ていこう。

三井住友銀行

2-1 FinTech企業とAPI連携して金融サービス拡充

金融機関でAPIを公開して新しい金融サービスの提供につなげようという動きが加速している。三井住友銀行も、そうした動きを具体化しはじめた代表的な銀行のひとつである。ITと金融を連携させた新サービスを提供するFinTech企業などにAPIを公開し、残高照会などの情報をFinTech企業のサービスから利用できるようにするもの。顧客は、銀行のIDやパスワードをFinTech企業などの第三者に預けることなく、FinTech企業が提供するサービスで銀行口座の情報を利用できる安心感が得られる。

三井住友銀行でAPI連携を推進する担当者は、「公開するAPIには、個人のお客様の口座情報と、法人のお客様の口座情報について、それぞれ用意しています。そのため、個人向けと法人向けで、現段階ではＡＰＩ連携によって提供するサービスに違いがあります」と言う。

個人向けでは、同行のインターネットバンキング「ＳＭＢＣダイレクト」のＡＰＩをＦｉｎＴｅｃｈ企業と連携し、サービスを提供する。ここで利用できるのは、いわゆる「参照系」のサービスで、普通口座や定期口座、外貨や債券、住宅ローンなどの残高や入出金が照会できるようになる。ＦｉｎＴｅｃｈ企業が提供する各種サービスに、ＡＰＩを介して残高および入出金の情報を提供するものである。

三井住友銀行による個人向けのＡＰＩ連携は、２０１７年7月に、家計簿アプリの「マネーフォワード」を提供するマネーフォワードと、同じく家計簿アプリの「Ｍｏｎｅｙｔｒｅｅ」を提供するマネーツリーの2社から始まった。すでに両社のサービスで、ＡＰＩ連携による残高照会が可能になっている。

一方、法人向けでは、口座の残高および入出金情報などの参照系の情報に加えて、総合振込データ伝送や振込・振替サービスなどの「更新系」と呼ぶサービスにも対応する。法人向けは、個人向けに先駆けて2017年3月にマネーフォワードのPFM（パーソナルファイナンスマネジメント）サービス「MFクラウド会計」および「MFクラウド経費」との連携を皮切りに、API連携を開始している。

●顧客ニーズの多様化に対応するためAPI公開へ

銀行がAPIを公開するに至った経緯について、担当者はこう語る。「やはり、FinTechの潮流が大きな要因です。顧客のニーズは多様化しており、銀行独自のサービス提供だけでなく、銀行以外の業者と組んだサービス提供が求められるようになっていたのです。銀行としてIT分野の研究活動を続けていたなかで、FinTech企業が登場し、銀行とAPI連携したいという要望が高まってきたことから、必然的にAPI連携を進めることになりました」。銀行が提供するサービスに加えて、さまざまな業者が提供するサービスと連携できる環境を整えることで、顧客のニーズに対応できるようにすることが根底にあった。

そうしたなかで、改正銀行法もＡＰＩ連携の具体化を後押しした。２０１７年5月に可決した改正銀行法により、銀行や信用金庫にはオープンＡＰＩの公開の努力義務が課されることになった。ＡＰＩ公開の方向性は、市場ニーズと法改正の双方から定められていった。

とはいえ、個人や法人の資産を預かる銀行の情報にアクセスが可能なＡＰＩだけに、簡単には構築できるものではない。「預金や残高などの情報を扱う勘定系のシステムの情報が、サーバー攻撃にさらされることは極力避けなければなりません。個人向けのＡＰＩの場合は、インターネットバンキングのＳＭＢＣダイレクトのオプションとして、ＡＰＩ連携を提供しています。そこで、ＳＭＢＣダイレクトとＡＰＩの間にセキュリティを高めるための基盤を用意して、安全性を確保するようにしました。セキュリティ基盤のシステム構築には時間も手間もかかりました」（三井住友銀行担当者）

どの情報をＡＰＩ化して提供するかという点でもセキュリティが密接に関係してくる。「ニーズとセキュリティをセットにして考えなければいけません」と担当者は指摘する。三井住友銀行では、個人向けサービスにはＡＰＩで残高照会と入出金情報などの参照系の情報しか提供していない。振り込みなどの資金移動までは、ＡＰＩでの提供にすぐには理解が得られないだろうとの判断だ。一方の法人向けサービスではＡＰＩで振り込みなどの資金移動にも対応する。法人からは資金移動のニーズが高く、セキュリティとのトレードオフの理解を得られやすいためだ。

●顧客とのコミュニケーションのチャネルを増やす

これまで、銀行のスタンスは自前ですべてのサービスを提供するというものだった。それでは満たせない顧客のニーズを満たす必要が出てきたときの解のひとつとして、外部業者と共同でサービスを提供することが視野に入ってきた。そして、ＡＰＩ公開による新しいサービスも続々と始まっている。２０１７年10月にはコミュニケーションアプリ「ＬＩＮＥ」を提供するＬＩＮＥと連携し、三井住友銀行のＬＩＮＥ公式アカウントで残高と入出金状況を確認できるようにした。さらに同年11月には、Ａｍａｚｏｎ.ｃｏｍ社が提供する音声サービス「ＡｍａｚｏｎＡｌｅｘａ」に対応したサービスの提供を開始した。「ＡｍａｚｏｎＥｃｈｏ」などのＡｌｅｘａに対応するデバイスに、「アレクサ、三井住友銀行の残高を教えて」と話しかけるだけで、残高や入出金情報を音声で確認できるというものだ。

ＡＰＩの公開と連携によって、銀行のサービスがさまざまな形態の利用へと広がっていることが分かる。

「ＡＰＩ公開によって、ビジネスの進め方も変わっていく側面があると思います。顧客の利便性を高めるだけでなく、顧客を増やしたり顧客との接点を強化したりということに、ＡＰＩ連携サービスが活用できると考えています。その後には、新しい事業展開も見えてくるかもしれません」(三井住友銀行担当者)

例えばＬＩＮＥとの連携について、担当者はこう語る。「これまで提供しているインターネットバンキングは、顧客にインターネットを通じて銀行のサービスに来てもらう必要がありました。今、ＬＩＮＥはスマートフォン時代のコミュニケーションプラットフォームとして重要な位置づけにあります。ＬＩＮＥとの連携は、銀行が顧客の使っているサービスに出向くという関係性の変化の現れと言えます」。ＬＩＮＥで銀行の残高が見えたり、取引ができたりすることを通じて、単に情報を提供するだけでなく、銀行と顧客の間のコミュニケーション強化を実現しようと考えているのだ。

そうした銀行の新しいビジネスの広がりを、外部業者を巻き込んだエコシステムにしていくためには、ＡＰＩは格好のツールとなる。これまでは銀行が外部業者と直接組んで、連携したシステムを構築したり、連携したサービスを提供したりすることは難しかった。「ＡＰＩを用意したことで、ＳＭＢＣダイレクトのシステムに手を入れずに新サービスを提供できるようになったことは大きい」と担当者はＡＰＩ連携の意義を語る。

もちろん、APIを公開することで、不正な情報公開や不正な資金移動が起こらないようなセキュリティ対策は最重要課題である。「FinTech企業に銀行と同じセキュリティレベルを求められればよいのですが、それではイノベーションにつながらないでしょう。個々のサービスレベルに応じたセキュリティ要件を検討して、顧客が合理的にサービスを受けられるような基盤を銀行が用意することが求められると思います」（担当者）。そうしたインフラの構築とAPIの公開はセットになって、スマートフォン時代の銀行と顧客の新しい関係を作り上げることに役立っていきそうだ。

アドバンスト・メディア

2-2 音声認識技術「AmiVoice」をAPIで提供

国産の音声認識エンジンとして、これまでさまざまな業界で高い実績を上げてきた「AmiVoice」。同製品の開発元として、国内における音声認識技術の分野を常にリードしてきたのが、株式会社アドバンスト・メディア（以下、アドバンスト・メディア）だ。

現在AmiVoiceは、主に企業ユーザーや官公庁ユーザーを中心に幅広く利用されており、特に医療業界やコールセンター、製造物流分野、自治体などでの採用例が多い。AmiVoiceは、これらの業界で使われている専門用語を広くカバーしているため、特定ジャンルの用途においては海外ベンダーが提供する汎用的な音声認識サービスと比べ、はるかに高い音声認識率を誇るという。

これらの用途でAmiVoiceが使われる場合、音声認識のシステム一式をまとめて顧客に提供することがほとんどだ。しかしアドバンスト・メディア 執行役員応用技術開発部 兼 SEC事業部 部長 枝連俊弘氏によれば、近年では音声認識の機能だけをAPIの形で提供するケースも増えてきているという（以下発言部同）。

「自社のデータセンターで稼働する音声認識サービスの機能を、リモートで呼び出して使うためのSDKを提供しています。すでに約500社のパートナー企業向けに、開発用のSDKを提供しています。そのほかにも、音声認識の機能をWeb APIとして提供しており、NTTドコモが運営する『docomo Developer support』のサイト上からお試し利用が可能になっています」

docomo Developer supportは、NTTドコモおよびパートナー企業が保有する多種多様なITソリューションを、ジャンル別にAPIとして公開している開発者向けサイト。NTTドコモでは、こうした場を通じてさまざまなパートナーや開発者のコラボレーションを促進し、新たなビジネスの創出を目指すとしている。つまりは、NTTドコモを中心としたAPIエコノミー創出の試みにほかならない。

アドバンスト・メディアはこのdocomo Developer supportに、自社の音声認識エンジンの機能をREST形式のWeb APIとして公開している。その機能は極めてシンプルで、APIを通じてアップロードされた音声データをクラウド上で解析し、テキストデータに変換して返してくれるというものだ。

●APIの一般公開によってAIの学習データを大量に収集

同社がAPI公開に踏み切ったのは、今からおよそ3年前のこと。以来、現在までの間にAPIのユーザー数は10倍にまで増加した。その要因としては「スマートフォンの普及」「機械学習の導入による音声認識率の飛躍的な向上」

「Ｇｏｏｇｌｅ社や米Ａｐｐｌｅ社がスマートフォンに音声認識機能を搭載したことで、音声認識そのものの認知度が向上したこと」などが挙げられる。また近年では、働き方改革の一環として、音声認識技術の導入による業務効率化の可能性を探る企業も出てきた。

この流れを受け、アドバンスト・メディア自身も、今後はＡＰＩによる音声認識サービスの提供に一層力を入れていくとしている。またＡＰＩの提供は、自社の音声認識技術をブラッシュアップしていくうえでも極めて有効だという。

「現在の音声認識技術は、機械学習を中心に構成されています。そのため認識率の向上は、どれだけ多くの学習データを集められるかにかかってきます。より多くのユーザーにＡＰＩを使ってもらえれば、その分多くの学習データが集まるので、音声認識技術そのものを進化させていくためにもＡＰＩのユーザー数を増やしていく必要があると考えています」

ただしユーザーによっては、本来は社外に手渡したくない「秘匿性の高い音声データ」の認識を、ＡＰＩを通じて行いたい場合もある。例えば医療現場における電子カルテの情報や、コールセンターにおける顧客の通話記録、企業における会議の録音データなどがこれに当たる。

そこでアドバンスト・メディアでは、これら秘匿性の高い音声データや機微な情報を顧客から預かる際には、秘密保持契約を締結して決して第三者にデータを漏らさないよう管理に万全を期している。また顧客の要望があれば、機械学習エンジンの学習対象から除外することも可能だ。

「顧客ごとの要望にきめ細かく対応できる点が、我々の音声認識サービスの大きな強みです。個人情報や企業の機密情報が含まれる音声データを海外ベンダーの音声認識サービスに手渡すことに、多くのユーザーは不安を感じています。そのため、秘匿性の高いデータを安全に扱うことを約束しています。こうして海外ベンダーが扱うことができない『専門性の高い分野の音声データ』を多く集め、その認識率を高めることで競合他社に対する優勢性を保っています」

●自社ＡＰＩの強みを効果的にアピールできるＡＰＩ取引所に期待

加えて、ユーザーのサービス利用状況を知るうえでも、ＡＰＩ公開は極めて有効だとする。ユーザーにシステムを丸ごと納めた場合は、納入後にユーザーがシステムをどのように利用しているかを詳しく知ることは難しい。しかしＡＰＩを通じた利用であれば、どんなユーザーがどのような使い方をしているのか、リアルタイムで正確に把握できる。こうした情報を基に適宜サービスをブラッシュアップしていくことで、さらにより多くのユーザーを獲得できるようになる。

サイクルを回していく上で、ＡＰＩ取引所にかける期待は大きい。「ユーザーの利用状況の可視化や、課金の仕組みを提供してくれるようなプラットフォームがあるととても便利です。ＡＰＩの利用ユーザーを増やすためには、ＡＰＩを使って何か作ろうとしている人の目にまず触れる必要がありますから、認知度を高めるうえで効果が高そうなＡＰＩ取引所があれば、検討の価値があると考えています。実際にＡＰＩを公開する際には、現在ｄｏｃｏｍｏ Ｄｅｖｅｌｏｐｅｒ ｓｕｐｐｏｒｔで行っているように、まずは無償でＡＰＩを試してもらったうえで、本格利用したいユーザーには有償サービスを案内する形になるでしょう」

また、ＡＰＩ取引所を通じて自社ＡＰＩを広く公開する際には、「他社の同類ＡＰＩとの差別化にも留意する必要がある」と同氏は述べる。Ｇｏｏｇｌｅ社やＡｐｐｌｅ社、米Ｍｉｃｒｏｓｏｆｔ社などの海外大手ベンダーが提供する音声認識ＡＰＩは、一般会話を中心とした汎用的な用途を前提としているのに対して、アドバンスト・メディアが提供するＡＰＩは特定ジャンルにターゲットを絞って認識率を高める技術に強みを持つからだ。

「単に汎用的な音声認識の機能を提供するだけでなく、特定分野向けに最適化した音声認識のＡＰＩをジャンル別に公開できれば、自社の強みもより効果的にアピールできます。そうしたＡＰＩの見せ方ができるプラットフォームがあれば、ぜひ前向きに検討してみたいですね」

オークファン

2-3 APIを通じてネットオークションの相場情報を提供

株式会社オークファン（以下、オークファン）は、ネットオークションの相場価格情報サイト「オークファン」を運営する企業。2000年の創業以来、ネットオークションの普及とともにビジネスを順調に伸ばし、現在ではC2C市場のみならず、企業の在庫品や事故品の二次流通などを扱うB2B市場にも参入し、国内では唯一無二のビジネスモデルを武器に成長を続けている。

同社最大の資産は、ヤフオク！（旧Yahoo！オークション）やフリルといったネットオークションの相場価格情報を蓄積したデータベースだ。特にヤフオク！に関しては、Yahoo！JAPAN自身ですらすでに廃棄してしまっている過去10年間分の膨大な相場情報を保有している。

ユーザーはオークファンのサイトを通じてこれらの相場情報を参照することで、自身がオークションに商品を出品したり、買い取り業者に商品を買い取ってもらったりする際の適正価格を知ることができる。あるいは、ネットオークションを通じた商品の販売で利益を上げることを狙うユーザーは、オークファンを通じて適正な商品仕入れ販売価格の相場情報を得られる。

同社では、これら相場情報をサイトだけではなく、ＡＰＩを通じても公開している。ＡＰＩ公開の目的について、オークファン 経営戦略室 中村泰之氏は次のように説明する（以下発言部同）。

「単にサイト上で相場情報を参照するだけでなく、より多くの情報を仔細に分析して自身の販売ビジネスに役立てたいという個人ユーザー様や小規模事業者向けに、『オークファンプロ』というツールを有償で提供しています。さらに大規模な企業ユーザーが、自社の査定ツールなどにオークファンの相場情報を埋め込んで利用したいというニーズに対しては、ＡＰＩの形で情報を提供しています。アクセス数次第で、月額数十万円の利用料になりますが、生の売買データを使ってさまざまなビジネスに活用いただけます」

近年では、このＡＰＩを通じた情報提供の事例が増えてきており、２０１７年8月には株式会社バンクと提携し、同社が開発・提供する買い取りアプリ「ＣＡＳＨ」の商品査定業務に役立てるために相場情報のＡＰＩ提供を開始した。こうしてＡＰＩによる相場情報提供を通じてさまざまな企業と協業関係を広げていくことで、オークファンを中心とした中古市場・二次流通業界の新たなエコシステムが構築されつつあるという。

加えて、社外だけでなく、オークファングループ内の会社間でもＡＰＩを通じて相場情報を融通し合うことで、さまざまな相乗効果を生んでいる。

「グループ企業の中には、Ｂ２Ｂの卸モール『ＮＥＴＳＥＡ』や、余剰在庫品の二次流通のモール『ＲｅＶａｌｕｅ』を運営している『ＳｙｎａＢ・ｉｚ』もあります。

それぞれが独自の相場情報を蓄積しているため、それらを社内で循環させることで、これまでは決して可視化されることがなかったメーカーから一次、二次という流通市場全体の商流が正確に把握できるようになりました」

●ＡＰＩの提供者であると同時にＡＰＩの利用者でもある

このように、自社で保有するデータをＡＰＩで社内外に公開し、多くのユーザーを獲得しているオークファンだが、実は同社自身が他社ＡＰＩのヘビーユーザーでもある。特に、Ｙａｈｏｏ！ ＪＡＰＡＮがヤフオク！に関する情報を提供する「オークションＷｅｂ ＡＰＩ」（２０１８年2月22日提供終了）に関しては、オークファン創業当初からの付き合いだ。

「我々自身が、ヤフオク！のＡＰＩを通じて相場情報を取得し、データベースに蓄積していくことでビジネスを成長させてきました。つまりＡＰＩの提供者である以前に、ＡＰＩの利用者だったわけです」

もともとＹａｈｏｏ！ ＪＡＰＡＮはヤフオク！に限らず、自社のサービスやデータをＡＰＩで公開し他社に広く使ってもらうことで、いわば「ＡＰＩエコノミー」というべき広大なエコシステムを築き上げてきた。オークファンもこのエコシステムに参画する企業の１社として、Ｙａｈｏｏ！ ＪＡＰＡＮが提供するデータを使って自社のビジネスを成長させると同時に、Ｙａｈｏｏ！ ＪＡＰＡＮのビジネスにもこれまで大きく貢献してきたと話す。

「オークファンはＹａｈｏｏ！ ＪＡＰＡＮからヤフオク！のデータをいただいてサービスを開発し、そのサービスを利用したユーザーがヤフオク！を訪れるといった具合に、ＡＰＩの提供側と利用側で互いにＷｉｎ－Ｗｉｎの関係を築き上げることに成功しています。ＡＰＩエコノミーを通じた新たなビジネス創出の好例ではないかと自負しています」

そして前述の通り、オークファンが収集したヤフオク！の相場情報は独自の集計や加工を施されて、ＡＰＩを通じて今度は別の企業やユーザーへと提供される。このＡＰＩを利用した企業がまた新たなビジネスを立ち上げることで、ＡＰＩエコノミーはさらに広がっていく。

こうしてＡＰＩを通じてさまざまな企業が自社のサービスやデータを持ち合い、それらが互いに結び付くことで新たな市場や価値が生まれる。オークファンのビジネスの成功は、まさにＡＰＩが秘める可能性を最大限に生かした結果だといえる。

●今後はＡＰＩ取引所を通じたオープンなＡＰＩ活用にも期待

ただし中村氏は、「外部のＡＰＩに過度に依存しすぎるのも少し問題がある」とも指摘する。

「他社のＡＰＩに対する依存度が高すぎると、他社のビジネスモデルの変更がそのまま自社の経営リスクに直結しやすくなります。リスクを回避するには、自社のビジネスの『どこからどこまでを他社のAPIに頼るか』『どこまでを自社の技術でまかなうか』という点に常に気を配る必要があると考えています」

事実、オークファンではヤフオク！以外にも、フリルやその他のフリマアプリから相場情報を取得するなど、特定企業のAPIやサービスに過度に依存しないビジネスモデルの構築を進めている。また、企業同士をAPIで結ぶだけでなく、個人ユーザーも含めたより広い範囲のプレイヤー同士が、API取引所のようなオープンな場を通じてつながり合うAPI活用の形にも大いに期待しているという。

「API取引所のような場に我々のAPIを公開し、多くのユーザーに使ってもらえるようになれば、絶対に面白いビジネスアイデアや新しい活用法が生まれるのではないかと考えています。特にC2C市場は今、かなりの盛り上がりを見せていますから、我々のAPIを使った第二、第三のCASHのような個人ユーザー向けビジネスが生まれるのではないかと期待しています」

ジョルダン

2-4 「乗換案内」の機能をAPIで法人向けに提供

Webサイトやスマートフォンアプリの経路検索サービスとして広く知られている「乗換案内」を提供するのが、ジョルダン株式会社（以下、ジョルダン）である。ジョルダンでは、主力製品として扱っているコンシューマ向けのサービスだけでなく、法人向けにも経路検索サービスを提供している。その法人向けサービス「乗換案内Biz」の一環として、2013年11月に発表したのが「乗換案内Biz APIクラウド版」。WebサービスのAPIを提供することで、乗換案内エンジンで処理した経路検索の結果を顧客のWebサイトなどに表示できる。

法人向けの乗換案内は、10年を超える歴史がある。当初は顧客のオンプレミスサーバーに実装する形態の製品を提供していた。イントラネットで乗換案内が利用できて便利という時代だった。しかし、サーバーに実装する形態ではデメリットも感じられるようになってきた。四半期ごとのデータのメンテナンスに手間がかかることや、情報更新がリアルタイム性に欠けること、そしてイントラネットにつながるパソコンだけでなくタブレットやスマートフォンでも乗換案内を使いたいという要望が大きくなってきたことなどが要因だ。

そこでジョルダンは、同社のクラウドサーバーを利用した製品として、ＡＰＩを簡易的に利用できる乗換案内Ｂｉｚ ＡＰＩクラウド版（以下、ＡＰＩ版）を開発した。ＡＰＩの開発に携わったジョルダン システム部長の吉田毅洋氏は「ＡＰＩでは、経路検索などの指示を受け取り、乗換案内エンジンで処理をした結果を返します。顧客が自社のＷｅｂサイトなどで画面を自由に作り、そのなかからＡＰＩを呼べば、顧客のＷｅｂサイト上で乗換案内の機能が利用できるようになります」とＡＰＩ版の概要を語る。

ＡＰＩ版でも、機能は豊富に用意している。出発地／到着地には駅名だけでなく、バス停や住所、緯度経度からなる座標などの指定も可能で、その2点間の徒歩や公共交通機関を利用した場合の経路を表示させられる。経路の結果は、最大8つまで表示可能で、所要時間、金額、乗り換え回数などによる評価もできる。

さらに、経路検索以外の機能も盛り込んでいる。座標や住所を指定することで最寄りの駅やバス停を検索する機能、定期券の料金を算出する機能、定期区間を控除した交通費を計算する機能などは、法人の顧客に向けた利便性を提供するものだ。このほかにも、指定した駅からの所要時間で駅を絞り込む「通勤エリア検索」などがある。「API版の提供開始から約4年の間に、ユーザーからの声を多数いただいており、今後も強化し続けていきます」と吉田氏は説明する。

●企業内からWebサイト、研究、ロボットへと広がる利用

法人向けのAPI版のひとつの用途としては、イントラネット向けの乗換案内の代替として、経費精算や外出時の経路検索、定期券購入申請のチェックといっ

た社内向けのサービス提供がある。ＡＰＩ版の提供によってパソコンだけでなくスマートフォンなど多様なデバイスでも利用できるようになり、社内向けの用途としても利用の幅は広がっている。一方で、ＡＰＩ版の提供は乗換案内の利用の幅を大きく広げることになった。

ジョルダンで法人ビジネスを取り仕切る執行役員 法人本部長 兼 法人営業部長の結川昌憲氏は、「ＡＰＩを公開したことでＷｅｂサイトやアプリ、デジタルサイネージなどへと法人利用の幅が広がったほか、大学などの研究開発分野や人工知能（ＡＩ）、ロボットなどとの連携といった新しい分野での利用が始まっています」と語る。

その一例が、ＡＰＩ版で提供する多言語対応を活用したＷｅｂサービスにおける使い方だ。ＡＰＩ版では、２０１７年10月時点で日本語、英語、中国語繁体字、中国語簡体字、韓国語の経路検索に対応している。さらなる多言語化にも取り組んでいて、タイ、ベトナム、インドネシアの各国語の対応も進める。多言語対応をＡＰＩで提供することから、訪日観光客向けのＷｅｂサイト内に多言語対応の経路検索機能を埋め込むといった利用法が増えているという。

「羽田空港の国際線旅客ターミナルのＷｅｂサイトや、せとうち観光推進機構が提供するＷｅｂサイト『瀬戸内Ｆｉｎｄｅｒ』では、ＡＰＩ版の多言語対応の経路検索サービスを利用しています。瀬戸内Ｆｉｎｄｅｒでは、瀬戸内海の航路の時刻表情報を独自に取得し、航路の経路検索もできるようになっています」（結川氏）

もっと新しい使い道もある。慶應義塾大学とは、経路検索の研究開発のためにＡＰＩを貸し出す試みを進めている。ＡＰＩ版ならではのデバイスの広がりとしては、音声認識ソリューションを提供するアドバンスト・メディアによるロボットでの利用もある。ロボットに目的地を語りかけると同社の音声認識技術で人の声を認識し、ジョルダンのＡＰＩを使って経路検索の結果を得て、ロボットが「経路を話す」といった事例が登場している。ＡＰＩ版の提供が「乗換案内」の適用範囲の拡大に貢献している格好だ。

●APIで法人向けビジネスが事業の柱に

ＡＰＩ版の提供を開始してから約４年。ビジネスへの効果はどのようなものだろうか。結川氏は「ＡＰＩ版を提供することで選択肢の増加を実感してもらっています。ＡＰＩ版だけの数値ではありませんが、法人向けのビジネスは実際に約４年間で2倍近い売り上げを記録するようになってきました」とプラスの効果を挙げる。

広告に依存する比率が高いコンシューマ向けビジネスと比べて、検索回数に対して従量制で売り上げが立つ法人向けビジネスは安定した収益が見込める。ＡＰＩ版の提供により、Ｗｅｂサイトなどに乗換案内を組み込んで利用する形態を提案できるようになり、収益の増加に寄与している。ジョルダンでは、法人向けビジネスの広告を出していないため、販促コストがかからない。「コンシューマ向けの乗換案内の知名度が高いことが、大きな販促効果になっています。法人向けのホームページに問い合わせをいただき、そこから利用につながっているのです」（結川氏）

ジョルダンと直接取引がある契約ユーザー数は30社程度。とはいえ、契約ユーザーには「desknet's NEO」を提供するネオジャパンや、グループウエアのサイボウズなど、自社のサービスとして乗換案内の機能を提供している企業がある。こうしたサービスで乗換案内を利用する顧客も含めると、APIを介して利用するユーザー数は数百社に上る。乗換案内Bizの利用の幅の拡がりと、ユーザー数の増加を掛け合わせることで、API版がジョルダンの法人向けのビジネスを牽引していく状況は今後も続きそうだ。

ジョルダン代表取締役社長の佐藤俊和氏は、インターネットにおける経路検索サービスの歴史を振り返りながら、このように指摘する。「初期のWebサイトは静的なページを表示するだけでした。そこにCGIという手法が登場したことで、リアルタイムに演算した結果を表示させられるようになりました。CGIのような新しい技術が、乗換案内の提供につながっていったのです。今後はIoTの時代になっていきます。APIの提供によって、さまざまなデバイスと乗換案内が連携できるようになると考えると、それだけで面白いことが起こりそうです。ユーザー自身がさまざまな使い方を作り上げることができるようになるかもしれません」

ユーザーが自身でＡＰＩを組み込んだソリューションを提供するようになると、ＡＰＩ取引所のような場所でのＡＰＩ公開が求められるようになる。ただし、乗換案内ではライセンス契約の問題から鉄道の時刻表データを使ったサービスを一般に広く公開できない。「ＡＰＩ取引所では、時刻表データを使わないお試し版のＡＰＩを提供し、さらに高度な機能をＡＰＩで利用したい場合にはジョルダンと直接契約してもらうといった、２段階の提供形態を採るかもしれません」（結川氏）。こうしたＡＰＩ提供上の工夫は必要になったとしても、ＡＰＩを容易に使える手段を広く提供した先には、ジョルダンの乗換案内がより一層多くのデバイスやサービスで使われる世界が広がりそうだ。

AOSモバイル（InCircle）

2-5 チャットサービスと業務システムのAPI連携が生む新たな可能性

「InCircle」は、AOSモバイル株式会社（以下、AOSモバイル）が開発・提供する純国産のビジネスチャットサービス。AOSグループが持つ国内トップクラスの証拠復旧の技術を生かした強固なセキュリティ対策が施されたチャットツールとして、数多くのユーザー企業から高い信頼を勝ち取っている。

社内メールによるコミュニケーションをInCircleに置き換えることで、標的型攻撃やランサムウエアといったメールに端を発するサイバー攻撃をシャットアウトできるほか、メール誤送信による情報漏えい対策にも高い効果を発揮するという。またInCircleは、日本で最も早くAIチャットボットの開発に取り組んだサービスとしても知られる。

現在、国内の数多くの大手企業によって導入・利用されているＩｎＣｉｒｃｌｅだが、通常の利用に加え、近年ではＡＰＩ経由で同サービスを利用するユーザーも増えているという。ＡＯＳモバイル チーフアーキテクト／ＩｎＣｉｒｃｌｅ 開発責任者 米川孝宏氏は、ＡＰＩでＩｎＣｉｒｃｌｅの機能を公開する目的について次のように説明する（以下発言部同）。

「ＩｎＣｉｒｃｌｅは２０１４年にサービス提供を開始しましたが、その約2年後にはビジネスチャットの主だった機能をＷｅｂ ＡＰＩとして外部公開しました。ＩｎＣｉｒｃｌｅは、サービス開始当初から単なるチャットツールの枠を超え、社内外とのコミュニケーションを1箇所に集約するビジネスプラットフォームとなることを目指していました。そのため、サービスの利用が広がっていけば、自ずと周囲の業務システムとの連携ニーズが生まれることも予想しており、サービスの開発時からＡＰＩの公開を前提としていました」

例えば、ＩｎＣｉｒｃｌｅとスケジュール管理アプリケーションを連携させることにより、チャットによるコミュニケーションの延長線上で、スケジュールの参照や更新をその場ですぐできるようになる。また、ドキュメント管理システムと連携させることでチャットツール上から関連するドキュメントをすぐに参照したり、あるいはチャットメッセージに添付して送受信したりといったことが容易に可能となる。

このように、ＩｎＣｉｒｃｌｅのコミュニケーション基盤を中心として社内のさまざまなシステムがつながることで、単に社員間のコミュニケーションがスムーズに運ぶようになるだけでなく、ビジネスプロセス自体の大幅な効率化・高速化が期待できる。これにより、企業の生産性を大幅に高める「仕事革命」を実現することこそが、ＩｎＣｉｒｃｌｅの目指す最終地点だという。

「私たちは、ビジネスチャットそのものについては詳しいものの、それが実際に利用される現場ユーザーの業務課題については残念ながら十分な知識がありません。そこで、現場の課題に詳しいユーザー企業やシステムインテグレーター企業の方々が、ＡＰＩを通じてＩｎＣｉｒｃｌｅの機能へ手軽にアクセスできるようにすることで、さまざまな現場課題の解決に役立つソリューションが生まれる可能性が広がります。実際、私たち開発元では思いも付かないような斬新なアイデアが、ＡＰＩを通じたシステム連携によって次々と生まれています」

●API取引所を通じた他分野APIとのコラボレーションに期待

現在、ＩｎＣｉｒｃｌｅの主だった機能はすべてＷｅｂ ＡＰＩを通じて外部プログラムから利用可能になっている。ＡＰＩは大きく「一般向けＡＰＩ」と「管理者向けＡＰＩ」に分かれており、トークルームの作成や発言内容の取得、トークルームのメンバー追加や変更、削除など、ＵＩ（ユーザーインターフェイス）上から操作可能な機能はすべてＡＰＩを通じて実行できる。

これらのＡＰＩを利用したいユーザーは、ＩｎＣｉｒｃｌｅの管理コンソール上から「ＡＰＩボタン」を選ぶだけで利用可能になる。ＡＰＩの詳細な仕様は、別途サンプルコード付きの「ＡＰＩドキュメント」が公開されているので、それを参照することで「スキルレベルがさほど高くない開発者でも、容易にＡＰＩ連携のためのプログラムを書くことができる」という。

また、1カ月当たり1000コールまではＡＰＩを無料で利用できる。1000コール以上になると有料プランとなるが、コール数に応じて3段階の料金プラン（～10000コール：5000円／月、10001～100000コール：30000円／月、100001コール以上：100000円／月）が設定されている。

「有料プランを利用するほど大規模にＡＰＩを利用しているユーザーは、まださほど多くありません。しかし、当初は単なるチャット用途でＩｎＣｉｒｃｌｅを利用していた顧客のなかには、無料プランでＡＰＩを利用するうちに高度な使い方を志向するようになってきています。こうした傾向がこのまま続けば、ＡＰＩの利用者はますます増えていくと予想されます」

ビジネス面での効果も着実に表れており、ＡＰＩを経由したシステム連携やチャットボットの案件は、目に見えて増えてきているとのこと。今後は、ＡＰＩ取引所を通じてＩｎＣｉｒｃｌｅ ＡＰＩの存在をより広く周知し、ユーザーを増やしていきたいとしている。さらには、ＡＰＩ取引所で公開される他分野のシステムやサービスのＡＰＩと組み合わせることにより、これまでにないまったく新しいビジネスアプリケーションが生まれる可能性にも「大いに期待したい」と米川氏は抱負を述べる。

「ＩｎＣｉｒｃｌｅのビジネスチャット機能を利用できるＡＰＩだけでは、ユーザーが抱える多様なビジネス課題を解決するには不十分なことも多いでしょう。しかしＡＰＩ取引所には、ビジネスチャット以外のさまざまな分野のアプリケーションやサービスのＡＰＩが公開されていきます。これらとＩｎＣｉｒｃｌｅのビジネスチャット機能がＡＰＩ取引所を通じて組み合わさることで、これまで誰も思い付かなかったまったく新しいアプリケーションやサービスが生まれる可能性があります」

AOSモバイル（AOSSMS）

2-6 APIを通じてSMSの機能をアプリケーションへ手軽に実装

近年、携帯電話の音声通話プロトコルを利用してテキストメッセージをやりとりするSMS（Short Message Service）の価値が再評価されつつある。スマートフォンがすっかり普及し、一時期はメールやSNSの影に隠れた格好になっていたSMSだが、ここに来て「ほぼ確実に相手に届く」「メールより開封率が高い」「相手の電話番号さえ分かれば送信できる」といったSMSのメリットに再注目する企業が増えている。

一例を挙げれば、企業がユーザーの本人確認をとる手段としてSMSを利用するケースが増えてきている。ユーザーがシステムにログインするためにIDとパスワードを入力したら、そのユーザーが登録している電話番号宛に「このURL

にアクセスしてください」というＳＭＳを送信する。そして、そのＵＲＬに実際にアクセスがあれば、それをもって本人確認とする。こうした「二要素認証」が、ＳＭＳを使えば比較的手軽に実現できるのだ。

このように、企業がＳＭＳをビジネスで活用したいと考えた場合、メッセージの送信やステータス確認といったＳＭＳ関連の機能をすべて自前で開発することは稀で、通常はこれらを代行してくれる「ＳＭＳゲートウェイサービス」を利用する。この分野において、国産サービスとして最大のシェアを占めているのが、ＡＯＳモバイルが提供する「ＡＯＳＳＭＳ」だ。

国内モバイル通信事業者との直接接続により極めて高い到達率（99・9％）を誇るほか、特許取得済みの独自技術により、単に企業からユーザーにＳＭＳメッセージを送るだけでなく、ユーザーから企業側に送ったＳＭＳメッセージを個別に受け取って処理できる機能も備える。こうした「双方向性」を備えたＳＭＳサービスは極めて珍しく、アンケート調査や安否確認といった用途で活用されることも多い。

メッセージの送受信やステータス確認といったＡＯＳＳＭＳの各種機能は、専用のＷｅｂコンソール画面から手動操作で利用することもできるが、ユーザーの多くはＡＰＩを通じたプログラム連携によって各機能を呼び出して利用している。ＡＯＳモバイル ＣＴＯ 鈴木聡氏によると、「現在ではユーザー全体の70％がＡＰＩ経由で利用している」という（以下発言部同）。

「ＡＯＳＳＭＳは２０１２年春にサービス提供を開始しましたが、その直後に大手ユーザーの航空会社様から『コールセンターのＣＴＩシステムと連携し、問い合わせをしてきた顧客へのフォローとしてＳＭＳメッセージを自動送信したい』というリクエストを受けました。この要請に応えるために、サービス提供開始から数カ月後には早くもＡＰＩ公開に踏み切りました」

現在この航空会社では、フライトの遅延情報を顧客に知らせるために、コールセンターのシステムからＡＯＳＳＭＳのＡＰＩを呼び出し、ＳＭＳメッセージで遅延情報をリアルタイム通知している。また大手タクシー会社の日本交通では、配車アプリによるユーザーの本人確認にＡＯＳＳＭＳを利用している。こちらも、ＡＯＳＳＭＳのＡＰＩをシステムから呼び出してＳＭＳメッセージを自動送信することで本人認証を実現している。

どちらの例も、ＳＭＳが持つ「リアルタイム性」「高い到達率」という特性を生かした仕組みであると同時に、ＡＰＩを通じて既存システムと連携することで新たな価値を生み出すことに成功した事例だといえる。

●API公開により想定していなかった用途での利用が拡大

ＡＯＳＳＭＳのＡＰＩは、Ｗｅｂのプロトコル（ＨＴＴＰＳのＧＥＴ／ＰＯＳＴメソッド）を通じて呼び出すことができる。ユーザーは、自身が開発したプログラムの中からこのＷｅｂ ＡＰＩを呼び出すコードを記述し、ＳＭＳの機能を容易にアプリケーションに埋め込むことができる。

ＡＰＩは機能ごとに用意されており、なかでも最も多く使われるのがＳＭＳメッセージを送信するためのものだ。送信メッセージの文字列データや、送信先電話番号などのパラメータをＡＰＩに渡せば、後はＡＯＳＳＭＳが通信キャリアごとに最適化した形でＳＭＳメッセージの送信処理を代行してくれる。

ほかにもいくつかのＡＰＩが用意されており、例えばステータス取得のＡＰＩを使えばメッセージを送った結果（正常着信、エラーなど）が確認できる。また、メッセージ内に記述するＵＲＬを自動的に短縮したり、ＵＲＬに対するアクセスを自動トラッキングしたり、あるいは登録済みのメッセージテンプレートを呼び出して利用できるＡＰＩなど、企業ユーザーによるメッセージ配信の用途を前提にしたさまざまな便利機能が用意されている。

これらのＡＰＩの詳しい仕様は開発者向けの仕様書としてまとめられており、

ＡＯＳＳＭＳのユーザーであれば管理画面から参照できるようになっている。また ＡＯＳモバイルの営業窓口に相談すれば、正式導入前に試験的にＡＰＩをシステムに組み込んで無償で評価できるトライアルアカウントも発行している。

こうした施策が功を奏してか、ＡＯＳＳＭＳ ＡＰＩのユーザー数は公開を始めて以来、順調に増え続けているという。

「現在では、ＡＯＳＳＭＳのサービス売り上げ全体の70％程度が、ＡＰＩ利用によって占められています。サービス開始当初は、ユーザーがＷｅｂのコンソール画面から手動でＡＯＳＳＭＳの機能を利用する形を想定していたのですが、機能をＡＰＩとして公開したことでＣＴＩシステムと連携したり、アプリの認証に活用したりと、私たちが想定していなかったさまざまな用途に利用が広がり、結果的にユーザー数の大幅な拡大につながりました」

アマゾン ウェブ サービス

2-7 APIを公開したい企業をAWSが手助け

クラウドサービスのプラットフォームとして最も名前の知られたもののひとつが、アマゾン ウェブ サービス（AWS）である。AWSクラウドは、16のリージョン内における、44のアベイラビリティゾーンを運用しており、その上で90を超えるサービスを提供している（2017年11月現在）。それらのひとつに「Amazon API Gateway」と呼ばれているサービスが用意されている。

では、Amazon API Gatewayとはどのようなサービスで、どのような利用者を想定したものなのだろうか。AWSジャパン株式会社で技術統括本部 レディネスソリューション部 ソリューションアーキテクトを務める西谷圭介氏は、Amazon API Gatewayを以下のように説明する（以下発言部同）。

「AWSには、大きく分けて2種類のAPIがあります。ひとつは、AWSのクラウドサービスを手軽に活用してもらうためにAWS自身が提供しているAPIです。もうひとつは、AWSのプラットフォームを使って企業などが自社サービス向けのAPIを公開するタイプのものです。後者のAPI提供をサポートするのが、Amazon API Gatewayというわけです」

　APIエコノミーの重要性が高まってくるなかで、APIを公開する企業なども増加している。一方で、APIを公開するためには、サーバーの構築からインフラ管理や構成管理の仕組みの整備まで、プラットフォームを構築するための多くの作業が必要になる。しかし、これらの作業はAPIを公開する企業にとって、提供するサービスの差別化には直接つながらない。そうした裏方の負担を減らすのが、AWSがプラットフォームとして提供するAmazon API Gatewayの役割なのだ。

　Amazon API Gatewayは、「APIを使う側」に向けたものではなく、あくまでも「ＡＰＩを公開する側」に向けたサービスである。とはいえ、利用できるＡＰＩが多く公開、提供されるようになることは、ＡＰＩを使う側にとっても選択肢が増え、新しいビジネスを展開する際の原動力になる可能性が高まる。ＡＰＩエコノミーを推進する縁の下の力持ちとして、Ａｍａｚｏｎ ＡＰＩ Ｇａｔｅｗａｙは役立つ存在といえる。

●高度な機能を活用しながら簡単にＡＰＩを公開

２０１５年７月に発表されたＡｍａｚｏｎ ＡＰＩ Ｇａｔｅｗａｙは、当初ＵＳのリージョンとヨーロッパのリージョンでサービスの提供を開始した。この時点で日本からも利用は可能だったが、東京リージョンでも同年10月にサービスの提供が始まっている。

利用者はＡｍａｚｏｎ ＡＰＩ Ｇａｔｅｗａｙを使うことによって、ＡＷＳが提供するクラウドサービス「Ａｍａｚｏｎ Ｅｌａｓｔｉｃ Ｃｏｍｐｕｔｅ Ｃｌｏｕｄ（Ａｍａｚｏｎ ＥＣ２）」上に構築したアプリケーションや、ＡＷＳのサーバーレスプラットフォーム「ＡＷＳ Ｌａｍｂｄａ（ラムダ）」などをバックエンドとしたＡＰＩを実装・公開できるようになる。「ＡＷＳとしてはＡＷＳの利用を増やしたいという思いはもちろんあります。しかし、何よりもＡＰＩを公開する際の負担を減らしたいというユーザーの課題を解決することが、ビジネス上での最大の狙いでした」と西谷氏は語る。

Ａｍａｚｏｎ ＡＰＩ Ｇａｔｅｗａｙには、ＡＰＩを公開したいと考えるユーザーをサポートするいくつかの特徴がある。西谷氏が第一に掲げたのは「簡単にＡＰＩを公開できる」ということ

AWSマネジメントコンソールのAmazon API GatewayによるAPI作成画面。数ステップの設定でAPIの作成が可能だ

だ。具体的には、ＡＷＳマネジメントコンソールと呼ばれる管理画面を使い、必要な設定項目を選んで何回かクリックしていくとＡＰＩが作成できるという簡単さだ。数クリックの設定によるＡＰＩ作成というユーザーインターフェイスが、「ユーザーの負担を減らしたい」という思いを実現している。

スケーラビリティもＡＷＳの特徴であり、Ａｍａｚｏｎ ＡＰＩ Ｇａｔｅｗａｙでもさまざまな規模のアプリケーションに対応が可能だ。また、最低利用料や初期費用がかからず、受信したＡＰＩ呼び出しと送出したデータ量に対してだけ料金がかかるシンプルな料金体系も、導入のしやすさを後押しする。

さらに、自社でＡＰＩを構築するとなると、機器の導入や各種の設定が必要になるのだが、このような高度な機能を簡単な設定で利用できる点も、Ａｍａｚｏｎ ＡＰＩ Ｇａｔｅｗａｙの特徴といえる。例えば、「ＡＰＩを公開する際に、セキュリティ対策は大きな課題になります。分散した攻撃源から大量の負荷をサーバーにかけて被害を与えるＤＤｏＳ攻撃などに対応するためには、同じＩＰアドレスからの通信を制御するスロットリングが必要になります。この機能を自前で用意するには高額なネットワーク機器だったり、複雑な実装が必要になるのですが、Amazon API Gatewayでは許可したい数値を設定するだけで簡単にスロットリングを有効にできます」。認証システムとの連携、ロジックとの連携なども、Amazon API Gatewayを利用すれば簡単に行える。プラットフォームとして多くの機能を提供することで、ユーザーの負担を減らすというポリシーが徹底されている。

AWSマネジメントコンソールのダッシュボードで、Amazon API Gatewayの運用状況を管理。APIのコール、遅延、エラーなどの状況を確認できる

●日本でのAPIエコノミー拡大に寄与

Ａｍａｚｏｎ ＡＰＩ Ｇａｔｅｗａｙの提供が始まった当初、グローバルでは Ａｍａｚｏｎ ＥＣ２上や自社のオンプレミス環境でＡＰＩを用意していた顧客が、Ａｍａｚｏｎ ＡＰＩ Ｇａｔｅｗａｙに移行してくるケースが多かった。しかし、「日本はＡＰＩ化しましょうというところからスタートする状況でした。今でも米国に対して、２～３年ほど対応が遅れている印象です」と西谷氏は現状を分析する。それだけに、ＡＰＩ化を先行して推進することは、ビジネスの拡大につながる可能性がある。「現状では、Ａｍａｚｏｎ ＡＰＩ Ｇａｔｅｗａｙを利用する企業の規模に偏りはないようです。初期はスタートアップ企業の利用が多かったのですが、今ではエンタープライズ企業が積極的になっています。企業規模にかかわらず、ＡＰＩ利用の裾野を広げていくことが必要だと感じています」

Ａｍａｚｏｎ ＡＰＩ Ｇａｔｅｗａｙを利用して提供されるＡＰＩの利用方法は、どのような形が多いのだろうか。西谷氏は「現状で最も多いのは、自社のシステムのＡＰＩ化、マイクロサービス化です。あとは、モバイル向けのシステムでの利用が多いと感じています。ＡｎｄｒｏｉｄやｉＰｈｏｎｅのｉＯＳでのネイティブアプリを実装する際のＡＰＩバックエンドの開発を容易にしています。これらの用途は米国も含めて多いです」と語る。また、ＡＰＩを第三者に公開してエコシステムを作るという利用法は、これからの拡大に期待するという状況のようだ。

そうしたなかで、Ａｍａｚｏｎ ＡＰＩ Ｇａｔｅｗａｙは、あくまでもＡＰＩを提供するためのサービスとの位置付けである。ＡＰＩを登録して第三者に利用を促すようなハブとしての機能はＡｍａｚｏｎ ＡＰＩ Ｇａｔｅｗａｙ自身では持たない。ＡＰＩエコノミーではＡＷＳは黒子に徹する構えで、ハブや取引所に登録するＡＰＩを公開するための手助けをするスタンスを採る。その一方で、ＡＰＩを簡単に提供できるようにするプラットフォームとしての拡張は続ける構えだ。例えば、ＦｉｎＴｅｃｈの分野では、日本の事情に合わせたセキュリティやコンプライアンスなどの切り口でガイドラインを整え、機能の拡充やコンプライアンスへの対応を図っているという。

Nuix

2-8 APIを通じて自社製品のコア技術を積極的に外部へ公開

オーストラリアのシドニーに本拠を構えるNuixは、文書ファイルやメールのなかから不正の痕跡を見つける「不正調査ツール」の分野において世界トップシェアを占めるソフトウエアベンダー。同社が開発・提供する不正調査ツール製品は、世界の4大コンサルティングファームや捜査機関、法律事務所などが採用している。

加えて、同社が開発した独自のデータ検索技術は、民間の一般企業においても広く使われている。ソフトウエア製品にデータ検索機能を実装する際には、一般的にオープンソース製品の技術が応用されることが多いが、同社はデータのインデックス付けや検索の技術を1から独自に開発し、膨大な量のデータのなかから特定の条件に合致したデータを極めて素早く検索する技術を独自に磨き上げてきた。インターネット検索の技術を武器にＩＴ業界のトップに君臨するあのＧｏｏｇｌｅ社ですら、一部の検索処理のためにＮｕｉｘの製品を採用していることからも、同社の技術力の高さがうかがえる。

そんなＮｕｉｘが、高い技術力を武器に業界トップシェアを獲得するまでに至った要因のひとつに、「ＡＰＩの有効活用」があったという。Ｎｕｉｘインテグレーションチーム責任者のＤａｎｉｅｌ Ｂｅｒｒｙ氏によれば、同社は製品のコア機能をＡＰＩとして公開しており、外部のプログラムから自由に利用できるようにしているという。

「Ｎｕｉｘの製品の強みは、大量の非構造化データに対して高速な検索処理や集計処理を行ったり、その結果を自動でチャートにまとめたりできるところにあります。これら基本機能がすべてＡＰＩとして公開されているため、ユーザーは自らが開発したプログラムからＡＰＩを呼び出すことで、これらの機能を簡単に実装できるようにしています」

こうしたＡＰＩの代表的な用途には、大きく分けて３種類があるという。

１つめが、米国の裁判制度で定められた「ｅ－Ｄｉｓｃｏｖｅｒｙ」への対応だ。米国の裁判制度では、裁判所からの情報開示要求があった場合、膨大な量のファイルデータやメールデータのなかから素早く該当のものを探し出して提示する必要がある。この要件に応えるために、米国でビジネスを展開する企業の多くが、専用のデータアーカイブ製品を導入・利用している。実はこれらの製品の多くが、先に挙げたＮｕｉｘのコア技術をＡＰＩ経由で利用し、高速検索機能を実現しているのだ。

２つめの用途が、主に捜査機関が利用する不正調査ツールによる利用だ。捜査機関では、押収した膨大な量のデータのなかから、犯罪や不正の証拠や痕跡となるデータを洗い出す作業が日々行われている。こうした作業を効率化するためのソフトウエアツールがデータ検索機能を実装するうえで、やはりＡＰＩを介してＮｕｉｘの技術を使っている。

そして３つめの用途が、一般企業におけるデータガバナンスでの用途だ。ビッグデータを分析して、ビジネス上の新たな知見やリスクを見出そうという取り組みが広く行われているが、これらの取り組みを効率化・高度化するために、ＢＩツールなどからＡＰＩ呼び出しを通じてＮｕｉｘのコア技術が利用されているのだ。

●ＡＰＩ公開に伴うエコシステムの充実がビジネスモデル変革をもたらす

同社がコア技術をＡＰＩで公開しようと思い立った背景には、「内部的な動機と対外的な要因の両方がありました」とＢｅｒｒｙ氏は話す。

「Ｎｕｉｘは、コアとなるデータ処理技術をベースに、アプリケーションパッケージ製品を開発・販売しています。しかし、社内ではかねてから『パッケージ製品を自社開発するより、コア技術をＡＰＩ提供した方が自社の技術をより早く市場に提供できるのではないか』との声がありました。また同時に、顧客からも『自分たちが開発するソフトウエアのなかでＮｕｉｘのデータ処理技術を使いたい』という声が多く寄せられていました。そこで思い切って、自社が保有するコア技術をＡＰＩで公開することにしました」

まずは、Ｎｕｉｘのコア機能をソフトウエアに組み込むための開発環境一式を収めたＳＤＫの提供を始め、Ｊａｖａプログラムから ＡＰＩを呼び出して各種データ処理や検索、集計、チャート作成などの機能を利用できるようにした。その後、自社開発アプリケーションのＷｅｂ対応に伴い、ＲＥＳＴベースのＷｅｂ ＡＰＩのインターフェイスも追加し、５年前からユーザーに公開している。

現在、ＳＤＫによるＪａｖａネイティブのＡＰＩとＲＥＳＴ ＡＰＩの利用者数の割合は、それぞれ半々ずつ。また、同社のパッケージソフトウエアとＡＰＩによるコア機能の利用者数の割合も、およそ半分ずつだという。ここでポイントとなるのは、ＡＰＩを使って同社のコア機能を組み込んだソフトウエア製品のなかには、同社のパッケージ製品の競合となり得るものも少なくないということ。そのため、ＡＰＩを公開するということは、同社のパッケージビジネスの首を絞めることにもなりかねなかった。

それにも関わらず、Ｎｕｉｘは思い切ってＡＰＩを公開。これが結果的に、世界中で同社の技術が広く認められるきっかけとなった。Ｂｅｒｒｙ氏はこの点について、以下のように説明する。

「Ｎｕｉｘのソフトウエアメーカーとしての規模は、決して大きくありません。そのため、製品開発以外のＳＩサービスやフィールドサービスには十分な人手や予算を掛けることができず、どうしてもパートナー企業に頼らざるを得ません。そこでＡＰＩを公開し、それを広く使ってもらうためのトレーニング制度や資格制度などを充実させたことで、多くのパートナー企業がＮｕｉｘの技術の良さに気付いてくれました。その結果、ＡＰＩの周りに広大なパートナーエコシステムが出来上がり、Ｎｕｉｘのビジネスモデルの変革とそれに伴うビジネスの成長をもたらしてくれました」

こうしてパートナー企業との協業体制が強化された結果、Ｎｕｉｘはより多くのリソースを製品の研究開発に投入し、製品の競争力を高められるようになったという。同社の急速な成長は、こうしたＡＰＩを通じたビジネスモデルの転換によって成し遂げられたと見ることができる。Ｂｅｒｒｙ氏は、今後ともＡＰＩビジネスに注力していくことで、会社としてさらなる成長を図っていきたいと話す。

「ＡＰＩに関する顧客からの引き合いは非常に強く、Ｎｕｉｘとしても今後さらに取り組みを強化していきたいと考えています。具体的には、ＡＰＩを利用する開発者向けポータルサイトでの情報提供を充実させるほか、ＡＰＩの開発やサポートに従事するエンジニアの採用や育成へ積極的に投資しています。こうした取り組みを通じて、ＡＰＩビジネスのさらなる成長を見込んでいます」

2-9 AOSデータ（AOSBOX）

「データの活用」へ、APIで業務システムと連携

ＡＯＳデータ株式会社（以下、ＡＯＳデータ）は、全自動でパソコンとスマートフォンのデータをクラウドに保管するバックアップサービス「ＡＯＳＢＯＸ」を提供している。このサービスではすでに、30万人分のデータを預かっている。ＡＯＳＢＯＸシリーズには、人工知能（ＡＩ）エンジンを搭載した「ＡＯＳＢＯＸ ＡＩプラス」というサービスがあるが、これに対応するＡＰＩを２０１８年に公開する予定だ。これを利用すればユーザーは、ＡＯＳＢＯＸ ＡＩプラスに保存しているデータを、ＡＰＩ経由で参照できるようになる。

ＡＯＳＢＯＸ ＡＩプラスに対応したＡＰＩを提供する背景として、ユーザーのニーズが「データの保存」から「データの管理」、さらに「データ活用」へと進ん

できたことが挙げられる。バックアップだけでなく、データを活用するというニーズに対し「データが多すぎてうまく探せない」という課題が出てきた。バックアップしたデータが膨大な量になってきたからだ。

ＡＯＳＢＯＸ ＡＩプラスでは、ＡＩエンジンを搭載し、「データの活用」に焦点を当てた機能を加えている。これにより必要なデータをピンポイントで見つけられるようになる。例えば、写真データに対し、自動的に対象物を認識、何が写っているかを分析してタグによって分類できる。これによりユーザーは、写真のなかに含まれるキーワードやアップロード日時、サイズ、オーナー、撮影日、メタ情報などにより、該当するファイルを呼び出せる。ファイル単位に加えてフォルダー単位でも参照できるほか、世代管理での各バージョンの呼び出しやファイル共有などにも対応する。動画を探し出す場合にも、各種工夫を凝らしている。また、テキストの全文検索機能により、文中も検索できる。ＯＣＲ機能によって写真に含まれる文字なども検索対象となる。

●ビッグデータに向けた各業界の業務システムが展開

近年、ビッグデータ解析が注目されており、多種多様なデータの蓄積や管理を支援するために、放送・出版・映像関連や医療、製造、建築など各業界で業務システムが展開されている。ただ、保存するファイルの数や容量が飛躍的に増加し、サーバーや保管先となるストレージの負担が増大するという問題が出てきている。そこで、データ容量の大きい写真やスキャンデータの保存先となる専用ストレージサービスとしてＡＯＳＢＯＸを利用し、業務システムと連携しようとする企業が増えてきた。こうしたニーズに対しても、ＡＰＩを利用すれば容易に対応できる。

ＡＯＳＢＯＸ ＡＩプラスがＡＰＩで利用可能になれば、例えば医療業界では、患者の健康診断結果は各病院の業務システムに保存される一方で、データ容量の大きいレントゲンなどの画像データをＡＯＳＢＯＸ ＡＩプラスに保存し、それぞれの情報がＡＰＩでスムーズに連携できるようになる。放送・出版・映像関連業界では、動画データが1ファイルで数テラバイトを超えるものも多く、派生するデータも含めると数ペタバイトにも及ぶ。これらを効率よく探し出すのも大変困難だったが、これらの問題もＡＰＩで解消できる。

ＡＯＳデータでは、ＡＰＩを活用してデータを基盤としたさまざまな業界同士を結び付けるエコシステムの構築を目指している。データの活用には、実際に会員を持つ企業との目的の共有、それを実現するシステムインテグレーターや技術パートナーとの連携が欠かせない。ただ、このようなデータの活用方法はまだ始まったばかり。まずは、大量のデータを抱える医療、製造、建築、放送・出版・映像関連などの業界での普及を図る。今後は、展示会やセミナーなどを積極的に開催してＡＯＳＢＯＸ ＡＩプラスのＡＰＩの利便性を知ってもらい、数年以内にＡＰＩの利用者を２００万人までに拡大したい考えだ。

第3章

API取引所の役割を知る

APIの公開がこれから進んでいくものの、それをビジネスに利用するにはさまざまな課題が存在する。これを解決するのが「API取引所」となる。API取引所がどのような役割を果たすのか、各国のAPI取引所の例や日本国内での動きを取り上げる。

3-1 APIエコノミーにおけるAPI取引所の役割

1章でも述べたように、APIエコノミーは世界的に広がっていくことが予想される。これによって、APIを仲介とした金融やデータ、サービスの流通が飛躍的に増大することだろう。

しかし、APIのビジネス利用においては、「まだ模索中」という状態の企業や個人がほとんどだ。加えて、解決すべき課題が多く存在している。

例えば、現在公開されている多くのAPIは、プログラマーの自由裁量で製作されている。統一規格などの世界共通ルールがない。そのため、小さなコミュニティ内でしか利用できない場合が多い。これではグローバルレベルの巨大な経済圏を作り上げることは不可能に近い。

そこで、世界共通で利用できるＡＰＩの統一規格を策定するといった、標準化に向けた動きやルールの設定が必要になる。その策定に「ＡＰＩ取引所」が大きな役割を果たす。

●API取引所とは

では、ＡＰＩ取引所とは何なのか。文字通り「ＡＰＩを取引する場所」であり、例えば大航海時代の取引を「海洋上の商品流通」としてみると、ＡＰＩの取引は「インターネット上のデータ流通」といえる。この場合、膨大なデータ流通に対応できるWebサイトとシステムを有するＡＰＩ取引所は、大航海時代に各地で形成された貿易港や海洋都市といった趣だろう。

ただし、大航海時代と違うのはそのサイズ感。ＡＰＩ取引所はそのひとつひとつが非常に大きく、商品として並ぶＡＰＩは多種多彩で、利用するユーザーも膨大だ。

さらに、ユーザーは多くのＡＰＩのなかから自分にあったＡＰＩを適切に選べる。こういった利便性の高さも、インターネット時代の特徴だ。イメージとしては、ＡｍａｚｏｎのようなショッピングサイトみたいにＡＰＩが商品として整理されて並んでいる感じに近い。

一方で、商品（ＡＰＩ）の提供者側には決済や商品管理など、商取引に必要なさまざまな機能が提供される点もＡｍａｚｏｎと同様だ。便利な機能が用意されるとともに、多くのユーザーと接触できることから、ＡＰＩ流通量の増加も後押しする。また、ＡＰＩに対するユーザーのフィードバックを得やすいため、開発効率が高まる。

ＡＰＩ取引所には「ＡＰＩエコノミー時代において、円滑なグローバル取引を支援していく場所」といった役どころもある。1章で紹介したＡＰＩに関する決済機能を提供することに加え、統一規格に関する問題を解決すべく、データフォーマット標準化の流れを推進・啓蒙したり、ＡＰＩの品質を評価したりする。また、取引のルールを決める活動なども行われている。

ただしＡＰＩ取引所は今、世界で数えるほどしか存在していない。ＡＰＩを利用する側と提供する側が安心して取引できる環境はまだ整っていない。取引所であるからには、高いレベルでの「信頼性」や「安全性」が不可欠だ。さらに、ＡＩやＩｏＴが牽引する近年のテクノロジー社会では高い技術力も期待される。

●「APIキュレーター」という新しい職種

安心してＡＰＩを取引できる環境を確立するには、取引システムのハードウエア面を整備するとともに、ソフトウエア面での柔軟な対応も求められる。標準化の推進や、ＡＰＩの信頼性を客観的に評価する仕組みの導入、さらには業界全体へのＡＰＩの啓蒙活動が必須となる。また、ビジネスにおけるＡＰＩ利用がどのようなものなのか、海外の最新事例やその未来像を伝えていく活動も必要となる。

このような活動に必要なのが「ＡＰＩキュレーター」だ。

ＡＰＩキュレーターの主な業務のひとつは、世界中に存在するＡＰＩやその関連情報を収集・評価し、それを世の中に伝えていくことだ。エンジニアがより快適に開発できるように、ＡＰＩ情報基盤を整備していく。

詳細な活動内容はＡＰＩキュレーターの知識量や役割によって変わってくるが、大きく分けると次のような活動が挙げられる。

・ビジネス目的の標準化や仕様策定に関わる
・世界中に散らばる良質なＡＰＩを収集・評価する
・ＡＰＩに関する知識を収集し、紹介・啓蒙する
・世界中にある標準化団体と連携し、その存在や活動内容などを紹介する
・ＡＰＩのビジネス活用に関して啓蒙・教育する
・ＡＰＩに関する最新技術を紹介する

ＡＰＩキュレーターは「豊富な専門知識さえあればいい」というわけではない。

例えば、「自分が得た知識や経験をより多くの人と共有したい」という想いや、ＡＰＩエコノミー時代に向けて「エンジニアに光を当てる新しい情報基盤を作り上げよう」という志が必要だ。

3-2 API取引所の活用事例

日本でAPI取引所がスタートした場合、日本の企業や個人はAPI取引所をどのように活用していけばよいだろうか。世界では、グローバルで展開しているAPI取引所がいくつか存在し、取引を進めている。ここではそれらのなかからいくつかを取り上げ、それぞれの状況をひも解きながらAPIエコノミーで利益を享受するためのヒントを探る。

ケース1 SMSのAPI取引が隆盛な韓国

世界に先駆けて2014年にAPI取引所をオープンしたのが韓国の「API STORE」だ。韓国では日本と違い、SMS（Short Message Service）を中心としたメッセージの送受信が頻繁に行われている。その理由は、ＳＭＳがキャリアを通じて携帯電話へ確実にメッセージを届けられる仕組みとして確立しているからだ。携帯電話でメールが広く浸透した日本では馴染みのない人も多いが、ＳＭＳは韓国や米国などを含めた世界各国では標準的なメッセージプラットフォームとして根強い。そのため、マーケティングや督促、個人認証機能などにも活用されている。

このような背景から、ＡＰＩ ＳＴＯＲＥではＬＩＮＥのようなメッセージサービス「ＫａｋａｏＴａｌｋ（カカオトーク）」のＡＰＩが提供されているものの、取引量はＳＭＳのＡＰＩの方が多い状況にある。これにより、ＳＭＳのＡＰＩを利用する側はＡＰＩ ＳＴＯＲＥを通じてＳＭＳアプリケーションを使うことで新サービスの開発を簡素化でき、提供する側はＡＰＩの取引量の増加によって新たな利益を生むことに成功している。

今後、日本でＡＰＩを提供する場合にも、韓国のＳＭＳのように企業や利用者が価値を感じやすいＡＰＩを開発することがひとつの要件になると見られる。

ケース2 スター・ウォーズYodaのAPIが人気の米国

米国には、2015年後半にオープンした「RapidAPI」というAPI取引所がある。

RapidAPIは、18歳のイスラエル出身の起業家Iddo Gino氏が立ち上げたことでも話題となったサイトだ。RapidAPIは、Microsoft社が提供するAPIをはじめとする比較的メジャーなAPIをテスト利用できるものの、多くのAPIは購入に対応していない。購入できるAPIがわずかしかないという状況から、どちらかというと「APIの認知」を目的としたAPI取引所といえる。

そんなRapidAPIにおいて、長期にわたって多くのアクセスを獲得しているのが「YodaSpeak」。SF映画「スター・ウォーズ」の人気キャラクターであるジェダイ・マスター「Yoda（ヨーダ）」をモチーフにしており、特定のテキストを送信するとＹｏｄａらしい言葉に変換するＡＰＩだ。

このＡＰＩは無償で提供されており、そのユニークさから高い人気を集めている。サービス自体の安定性がいま一歩だが、「面白いサービスを作ったのだから、まずは知ってもらおう」という発想は、なんとも米国らしい。

その一方で、ＹｏｄａＳｐｅａｋを作成した企業にとっては、ＡＰＩ取引所で利用者を増やせば、言語変換データベースを進化させられるという実務的なメリットがある。

さらに現在は、ＡＰＩの使い方を紹介するマニュアルサイトの広告を埋め込んでおり、それが収入源になっている。今後どのような収益モデルになるか分からないが、仮にＹｏｄａ Ｓｐｅａｋを使った占いサイトが大当たりすれば、「ある一定数以上のトラフィックには課金する」などのビジネスモデルが確立される可能性もある。

このようなケースでは、仮に占いサイトを運営する側が課金を嫌がったとしても、Ｙｏｄａ Ｓｐｅａｋが人気の源泉だとすれば利用を停止されることは大きなリスクとなる。そのため、最終的にはＹｏｄａ Ｓｐｅａｋには著作権料のようなＡＰＩ使用料金が支払われることになるだろう。

これは人気漫画家と掲載雑誌の関係に近いといえ、ＡＰＩの影響がコンテンツビジネスや著作権の世界にも広がる可能性を秘めているという点は、ＡＰＩエコノミーの面白さであり魅力でもある。

ケース3 画像系ＡＰＩが目立つ中国

中国では、同国の最大手検索エンジンサイトを運営する百度（バイドゥ）が２０１４年後半にスタートさせた「ＡＰＩＳｔｏｒｅ」が存在する。ここで人気を集めているのは主に画像系のＡＰＩだ。

例えば、印刷物などの文字を認識するOCR（Optical Character Recognition）系のAPIは、中国語の特性もあって多くの人が有料で使用している。さらに、顔認識やポルノ系画像の認識といったAPIも人気を集めている。

こういったAPIを生み出すには画像認識に関連する高い技術力が要求される。ハイレベルなAPIを用意すれば、個人や中小企業ではなかなか実現できない部分も多いため、有料でも取引してもらえる可能性は高い。

3-3 日本におけるＡＰＩ取引所の活用

このように、世界のＡＰＩ取引所にはそれぞれの傾向や特色がある。では、日本のＡＰＩ取引所ではどのような動きが予想されるだろうか。

例えば、中国でＯＣＲサービスのＡＰＩの人気が高いのは、そういったサービスを実現するための変換データベースが公開されていないからだ。一方で米国のＹｏｄａ Ｓｐｅａｋは、無料公開して広く活用してもらうことで、変換データの精度を高めている。

このような世界の潮流を踏まえると、「リアルなデータやコンテンツの著作権料」が注目すべきポイントといえる。そもそも、これまでは特定企業がデータを秘匿し、独自のサービスを作ることでその価値を生み出してきた。しかし、ＡＰＩ

エコノミーの時代においては、むしろそのデータを公開して多くの人に活用してもらうことでデータの精度を高めるとともに、その利用による著作権料を生み出せる。

ただし、データの公開についてはひとつ課題がある。例えば、公共性の高い地震波などのデータについては、政府や学校を中心に無償公開する取り組みが進んでいる。このようなオープンデータであればそれほど問題はないが、その一方で企業が苦心して集めてきたデータに関しては、その企業に権利が発生する。そのため、その権利を守りながらどうデータを公開していくべきかを、十二分に検討する必要がある。

その点、APIでの取引であれば、このような課題はシンプルに解決できる。例えば、Google Maps APIのようにAPI経由で地図データを公開した場合には、Google社はその地図データのすべてを奪われる可能性はまずない。一方で、そのAPIを利用する企業にとっては、詳細な地図データの恩恵を手軽に享受できる。

このように、独自のデータやコンテンツを独り占めせず、サービスとして提供するＡＰＩを開発してＡＰＩ取引所で広く公開すれば、多くの人に使ってもらい利益を得ることができる。

●開発者のためのＡＰＩ支援サイト「ＡＰＩｂａｎｋ」

２０１８年に日本初のＡＰＩ取引所となるＡＰＩ流通プラットフォーム「ＡＰＩｂａｎｋ」がオープンする。ＡＰＩｂａｎｋではＡＰＩを直接購入したり、ＡＰＩの活用事例を参照したりすることが可能だ。インターネット上にあるＡＰＩ情報や活用事例を整理した状態で提供するほか、検索機能も利用できる。そのため、ＡＰＩ関連の情報収集のためのポータルサイトとしての役割も持っている。

また、ＡＰＩ提供・販売者向けのサービスとしてＡＰＩ流通ソリューション「ＳＯＢＡ」を提供する。ＳＯＢＡは、データベースとコンテンツをＡＰＩと連携して利用できるようにするもの。ＡＰＩの流通やセキュリティ、顧客管理、分析などをサポートし、開発者および企業は容易にＡＰＩを活用できるようになる。

ＡＰＩｂａｎｋのＡＰＩを利用する場合は、まずＡＰＩｂａｎｋのＷｅｂサイト（APIbank.jp）にアクセスして新規会員登録を行う。その後、登録した「ユーザー名」と「パスワード」でログ

SOBAの管理画面
自作APIの公開などが可能となる（画面はプロトタイプイメージ）

インし、公開されているＡＰＩのなかから使いたいＡＰＩを検索。ＡＰＩを選んで利用申請を行い、その申請が完了するとＡＰＩを呼び出して活用できるようになる。

なお、現在利用しているＡＰＩは、ログイン後の管理画面に一覧表示される。１セットの「ユーザー名」と「パスワード」ですべてのＡＰＩを利用できるうえに利用状況も確認できるため、ＡＰＩの管理が容易になる。また、利用申請前のテスト利用にも対応。ログイン状態でＡＰＩを選ぶと、選択した「ＥｎｄＰｏｉｎｔ」（ＡＰＩにアクセスするためのＵＲＩ）に好きなパラメーターを入力してテストを実行できる。

一方で、ＡＰＩｂａｎｋにＡＰＩを登録する場合は、こちらもまずＡＰＩｂａｎｋのＷｅｂサイト(APIbank.jp)にアクセスして新規会員登録を実施。登録した「ユーザー名」と「パスワード」でログインした後、ＡＰＩ情報を登録して公開申請を行う。ＡＰＩｂａｎｋ管理者の認証作業が完了すれば、そのままＡＰＩの提供が開始される。

おわりに

「自分が明治初期や昭和の時代に活躍できるとしたら、何をするだろう？」

歴史小説や偉人の自伝を読みながら、このような想像をしたことはないだろうか。もし、激動の時代が急に眼前に開かれたならば、不安と同時に、多少なりとも心が躍らずにはいられない。

本書で示してきたように、ＡＰＩを中心とした商取引は今後、多くの企業や個人にとってまたとないチャンスを提供する。残念ながらまだ日本では事例が少なく、そもそも取引所自体も存在していない。だが、世界中の人々の目の前に、見たこともない巨大な市場がもうすぐ現れるのは、ほぼ確実だ。

既存の多くの市場が飽和して限界点を迎えつつある。そのなかで、まったく未開の数百兆円の市場をテクノロジーの進化が生み出しつつあるこの瞬間に、我々は奇跡的に立ち会っている。本書が、ＡＰＩエコノミー時代の到来を少しでも興奮をもって伝えられたのであれば著者冥利につきる。

本書の最後に、新しい時代の到来を迎えるにあたって、日本の未来について読者と一緒に考えてみたい。

明治以降の日本において、渋沢栄一氏や松下幸之助氏をはじめとする多くのフロンティア精神にあふれる人たち、また多くの名も無き先輩たちが今日の日本の礎を築いた。そのおかげで、我々は高度に整備された安全で快適な国に暮らすことができている。一方で、１９９０年代から始まったコンピューター革命、インターネット革命、モバイル革命に日本は大きく出遅れ、我々は失われた20年と呼ばれる時代を過ごすことになった。

少子高齢化社会を迎える日本において、このまま衰退を考えるのは想像に難くない。高齢化のなかでの人口減少など、我々はまだ世界中の人々が経験していない未曾有の社会課題に向き合うことになる。

そこに来て、このＡＰＩエコノミー時代の到来である。私はこの機に、日本の人々が再び世界経済の発展に大きな役割を果たすのではないかと考えている。なぜなら、ＡＰＩエコノミーは、世界で最も進んだ金融行政を敷いてしまった日本市場で爆発的に拡大し、そこから世界に広がり得るものだからである。

ＡＰＩエコノミーを煎じ詰めれば、ＩoＴ、クラウド、ビッグデータ、モバイルというキーワードに象徴されるＩＣＢＭ技術を中心として世界中がマクロからミクロレベルのコミュニケーションを取るということにほかならない。つまり、自動車やビル、介護ロボットなどモノ同士もつながり、大きくも小さくも会話をはじめることになる。また新しいデバイスも生まれ、同様にＡＰＩを介してつながってくるだろう。

このような〝つながる時代〟において、一番強い国はどこかと問われれば、私は日本だと答える。先日、私が大変尊敬している海外のある経営者が「ＡＰＩエコノミーは日本人に向いている」と断言した。なぜかと聞くと、海外の経営は１人の天才に頼ったり、市場支配的な考え方をしたりすることが多いのに対し、日本人は皆で力を合わせて課題を解決する姿勢がベースにあり、それがＡＰＩエコノミー的だからだという。

ＡＰＩエコノミーの時代では、多くの技術やデータが公開される。そしてそれを元に、多くの人が力を合わせて社会課題を解決するサービスを生み出していく。またそれを見て、違う人たちが力を合わせて別のサービスを作り出す。つまり、独り占めしない人が次々と新しいサービスを生み出し、利益を享受することとなる。だからこそ「ＡＰＩですべてがつながる時代には、皆で力を合わせ、細やかなサービスを次々に作れる日本人が向いている」というわけだ。

確かに日本人は、皆で力を合わせて公益を優先させた結果、より多くの人が豊かになり、よりよい社会を生み出してきたのではないか。戦後たった数十年で、日本が驚くような発展を遂げたのはそういう側面があった。

残念ながらＩＣＴ技術の発展途上においては、サイバー空間への対応の遅れから日本社会はやや停滞したかもしれないが、その最終段階におけるリアルとサイバー空間すべてがつながるＡＰＩエコノミー時代においては、またパワーバランスがシフトする可能性がある。

つながる時代にもっとも強いのは、支配するのではなく、力を合わせて社会課題を解決していく哲学が染みついている国なのかもしれない。私がＡＰＩエコノミーにおいて日本人が大きな役割を果たすと考える根拠はそこである。

日本の経営者はＩＣＴが苦手だといわれるが、今こそＩＣＴを敵ではなく仲間として迎え入れ、再び世界を驚かせる時が来たのだと思う。あなたならば、自社のすべての製造物やサービス、データをＡＰＩで輸出できる時代に、何をさせるだろうか？　もしくは、これから力を合わせてどんな社会課題を解決していきたいだろうか？　そんな問いを出して、筆をおきたい。

最後に、本書の執筆にご協力いただいた株式会社ウェブジョブズの丸山耕二さん、クロスシナジー株式会社の鳴海拓也さん、運営堂の森野誠之さん、ＡＯＳデータ株式会社の志田大輔さん、そして、取材にご協力いただいたＡＰＩ提供会社の皆様、ならびに、本書の制作に多大な労力を割いていただいた日経ＢＰのスタッフの方々に感謝の言葉を述べたいと思います。どうもありがとうございました。

佐々木　隆仁

佐々木 隆仁（ささき たかまさ）

1964年、東京都生まれ。1989年、早稲田大学理工学部卒。大手コンピューターメーカーに入社し、OSの開発に従事したのち、1995年に起業。AOSテクノロジーズ社を立ち上げ、代表取締役社長に就任。2000年より、データ復元ソフト「ファイナルデータ」を発売し、2001年に日経サービス優秀賞受賞。2010年から2018年まで9年連続でBCN AWARDシステムメンテナンスソフト部門最優秀賞受賞。2012年にAOSリーガルテック株式会社を設立し、代表取締役社長に就任。2015年に第10回ニッポン新事業創出大賞で経済産業大臣賞（アントレプレナー部門最優秀賞）を受賞。2018年に日本初のAPI取引所となるAPIbankを設立。著書に「デジタルデータは消えない」（幻冬舎）、「30分で理解！イラストでわかるマイナンバーQ&A30」（日経BP）、「リーガルテック」（アスコム）などがある。

APIエコノミー
勝ち組企業が取り組むAPIファースト

2018年2月26日　第1版第1刷発行

著　者　佐々木 隆仁
発行者　桔梗原 富夫
発　行　日経BP社
発　売　日経BPマーケティング
〒105-8308　東京都港区虎ノ門4-3-12
装幀・制作　松川 直也（日経BPコンサルティング）
印刷・製本　図書印刷株式会社
編集協力　志田 大輔、丸山 耕二、鳴海 拓也、森野 誠之

本書籍に関するお問い合わせ、ご連絡は下記にて承ります。
http://nkbp.jp/booksQA

ISBN 978-4-8222-5824-5